民族文字出版专项资金资助项目
མི་རིགས་སྐད་ཡིག་དཔེ་སྐྲུན་གྱི་ཆེད་དོན་མ་དངུལ་རོགས་སྐྱོར་རྣམ་གྲངས།

青少年核心素养丛书
གཞོན་ནུ་ལོ་ཆུང་གི་བྱང་ཚད་གསོ་སྐྱོང་ལྟེ་བར་འཛིན་པའི་དཔེ་ཚོགས།

青少年网瘾预防知识手册
གཞོན་ནུ་ལོ་ཆུང་དྲ་དབྱིངས་ཞུགས་པར་སྔོན་འགོག་བྱ་ཐབས་ཀྱི་ཤེས་བྱའི་ལག་དེབ།

张丽◎主编　　吉姆◎译
ཀྲང་ལི་ཡིས་བསྒྲིགས།　　སྐྱིད་མོས་བསྒྱུར།

བོད་ལྗོངས་བོད་ཡིག་དཔེ་རྙིང་དཔེ་སྐྲུན་ཁང་།
西藏藏文古籍出版社

图书在版编目（CIP）数据

青少年网瘾预防知识手册 ： 汉文、藏文 / 张丽主编 ； 吉姆译． -- 拉萨 ： 西藏藏文古籍出版社， 2022.5

ISBN 978-7-5700-0713-4

Ⅰ．①青… Ⅱ．①张… ②吉… Ⅲ．①互联网络－影响－青少年读物－汉、藏 Ⅳ．①C913.5-49

中国版本图书馆 CIP 数据核字（2022）第 066550 号

青少年网瘾预防知识手册

主　　编　张丽
责任编辑　次巴　赵保利
译　　者　吉姆
装帧设计　拉姆
出　　版　西藏藏文古籍出版社　邮政编码：850000
　　　　　　打击盗版：0891-6930339
印　　刷　三河市腾飞印务有限公司
经　　销　全国新华书店
开　　本　16 开（710mm×1 000mm）
印　　张　6.75
印　　数　01—3,000
字　　数　62.4 千
版　　次　2022 年 11 月第 1 版
印　　次　2022 年 11 月第 1 次印刷
标准书号　ISBN 978-7-5700-0713-4
定　　价　27.00 元

前　言

中国的互联网业从20世纪末开始萌芽，如今已经蓬勃发展了20多年。在这个过程中，互联网给人们的生活和工作带来巨大的便利，但也带来了不少负面影响：很多人难以抵抗网络的吸引力，涉世未深的青少年尤甚，最终上网成瘾。

青少年生理的萌动与猎奇的心理特征只是表面成因，家庭、学校和社会综合作用于青少年才是根本原因，网瘾的问题也从侧面反映了社会问题。网瘾不是一种精神疾病，而是一种和人的精神与心理密切相关的、紧密交织的，由个体的心理与思维状态所决定的网络过度使用行为。

因此，研究网瘾问题要从青少年的心理变化过程与特征入手，综合家庭、学校和社会的诸多因素，考察青少年的个体特征、人际关系、家庭氛围、学校教育和社会影响等多个因素。因为涉及因素多、彼此交相影响，所以研究网瘾问题时不能僵化地、单独地只看问题的某一方面，而要综合、全面地看待和考察，才有可能对青少年网瘾问题做出一个科学的解释。

本书从网瘾的案例入手，从网瘾的诸多成因展开，阐述网瘾带来的巨大危害，并着重分析和讨论预防网瘾与戒除网瘾的方法，最后告诉读者如何科学合理地运用网络。本书系统而全面地讨论网瘾的各个层面，并从各个角度考察和探索这一普遍的社会问题，对其进行全方位、立体化的解读和探究。

本书第一章讲述网瘾的基本概念，第二章和第三章讲述网瘾的成因和危害，第四章和第五章告诉读者如何预防网瘾和如何摆脱网瘾，最后一章教大家如何合理地使用网络。本书结合大量案例，对发生在我们身边的网络成瘾现象进行剖析和解读，并配以相应的解决方案和调整措施，条目清晰、层次分明，力图给读者呈现一个清晰的思维架构。

本书内容上侧重于科学性与实用性的结合，每一节的前半段展示实际案例，并做出相应的描述和分析；每一节的后半段依据案例，以列条目的方式对问题的根源、性质、类别、优势、劣势、解决措施及方案等进行阐述，力求读者能轻松理解和掌握。

本书既适合受网瘾困扰的中小学生们阅读，又适合家长和老师阅读，还可作为已走进大学校园甚至已走向社会的青年人的参考用书。无论是学生、家长还是老师，读一读本书，更多地了解网瘾的相关知识，以便做到科学上网，远离网瘾。

སྔོན་འགྲོའི་གཏམ།

ཀྲུང་གོའི་འཕྲིན་སྤྲེལ་དྲ་བའི་ལས་རིགས་དེ་དུས་རབས་༢༠པའི་དུས་མཇུག་ཏུ་དར་འགོ་ཚུགས་པ་ནས་བཟུང་། ད་བར་དབྱར་མཚོ་རྒྱས་པ་ལྟར་གོང་འཕེལ་ཕྱིན་ནས་ལོ་ངོ་༢༠ལྷག་ཙམ་སོང་ཡོད། དྲ་རྒྱའི་ལས་རིགས་འཕེལ་རྒྱས་ཀྱི་བརྒྱུད་རིམ་ནང་འཕྲིན་སྤྲེལ་དྲ་བས་མི་རྣམས་ཀྱི་འཚོ་བ་དང་བྱ་གཞག་ལ་སྐབས་བདེ་བསྐྲུན་ཡོད་ལ། ལྡོག་ཕྱོགས་ཀྱི་ཤུགས་རྐྱེན་ངན་པའང་མི་ཉུང་བ་ཞིག་བཟོས་ཡོད། མི་མང་པོ་ཞིག་དྲ་བའི་ཡིད་དབང་འཕྲུག་ཤུགས་འགོག་དཀའ་བའི་གནས་ལ་གྱུར་བ་དང་ལྷག་པར་དུ་ནར་མ་སོན་པའི་གཞོན་ནུ་ལོ་ཆུང་མང་པོ་ཞིག་དེའི་ནང་དབྱིངས་ཚུད་པའི་གནས་ཚུལ་ཐོན་བཞིན་ཡོད།

གཞོན་ནུ་ལོ་ཆུང་གི་ལུས་ཁམས་ཀྱི་སྐྱེ་འཚར་དང་སེམས་ཁམས་ལ་ཡ་མཚན་གྱི་ཁྱད་ཆོས་ཤིག་ཡོད་པ་ནི་ཕྱི་ངོས་ཀྱི་འབྱུང་རྐྱེན་ཙམ་ལས། ཁྱིམ་ཚང་དང་སློབ་གྲྭ། སྤྱི་ཚོགས་བཅས་ཀྱི་ཕྱོགས་བསྡུས་ཀྱི་ནུས་པ་ནི་གཞོན་ནུ་ལོ་ཆུང་དྲ་བར་དབྱིངས་ཚུད་པའི་རྩ་བའི་རྒྱུ་རྐྱེན་དེ་ཡིན། གཞོན་ནུ་ལོ་ཆུང་དྲ་བར་དབྱིངས་ཚུད་པའི་གནད་དོན་དེས་ཕྱོགས་གཞན་ཞིག་ནས་སྤྱི་ཚོགས་ཀྱི་གནད་དོན་ཞིག་ཀྱང་མཚོན་གྱི་ཡོད། དྲ་བར་དབྱིངས་ཚུད་པ་ནི་དབང་རྩའི་མ་ལག་གི་ནད་རྟགས་ཤིག་མ་ཡིན་པར། དེ་ནི་མིའི་དབང་རྩ་དང་སེམས་ཁམས་གཉིས་དང་འབྲེལ་བ་དམ་ཟབ་ཡོད་ལ། མི་སྒེར་གྱི་སེམས་ཁམས་དང་བསམ་བློའི་བྱ་སྤྱོད་སོགས་ཀྱི་རྣམ་པ་དེ་དྲ་བའི་ཐོག་ཚད་ལས་བརྒལ་བར་བཀོལ་སྤྱོད་བྱས་པའི་བྱ་སྤྱོད་ཅིག་ཡིན།

དེར་བརྟེན་དྲ་བར་དབྱིངས་ཚུད་པའི་གནད་དོན་དེར་ཞིབ་འཇུག་བྱེད་དགོས་ན། ངེས་པར་དུ་གཞོན་ནུ་ལོ་ཆུང་གི་སེམས་ཁམས་འགྱུར་ལྡོག་གི་བརྒྱུད་རིམ་དང་ཁྱད་ཆོས་ནས་འགོ་

བཙུགས་ཏེ། ཁྲིམ་ཚང་དང་སློབ་གྲྭ། སྤྱི་ཚོགས་སོགས་ཀྱི་རྒྱུ་རྐྱེན་ལ་ཕྱོགས་ཡོངས་ནས་བརྟག་ཅིང་། གཞོན་ནུ་ལོ་ཆུང་ཚོའི་སྐྱེར་གྱི་ཁྱད་ཆོས་དང་ཕན་ཚུན་གྱི་འབྲེལ་བ། ཁྲིམ་ཚང་གི་གནས་ཚུལ། སློབ་གྲྭའི་སློབ་གསོ་དང་སྤྱི་ཚོགས་ཀྱི་བག་ཆགས་སོགས་ལའང་ཞིབ་འཇུག་བྱེད་དགོས། དེའང་དྲ་བར་དབྱིངས་ཚུད་པའི་རྒྱུ་རྐྱེན་མང་ཞིང་དེ་དག་ཕན་ཚུན་འབྲེལ་བ་དམ་ཟབ་ཡོད་པས། དྲ་བར་དབྱིངས་ཚུད་པའི་གནད་དོན་ཞིབ་འཇུག་བྱེད་སྐབས། གནད་དོན་གྱི་ཕྱོགས་ག་གེ་མོ་ཞིག་ཁེར་རྐྱང་དུ་བཟུང་མི་རུང་ཞིང་། ངེས་པར་དུ་ཕྱོགས་ཡོངས་ལ་ཞིབ་འཇུག་བྱེད་དགོས། དེ་ལྟར་བྱས་ཚེ། གཞི་ནས་གཞོན་ནུ་ལོ་ཆུང་དྲ་བར་དབྱིངས་ཚུད་པའི་གནད་དོན་དེར་ཚན་རིག་དང་མཐུན་པའི་སྒོ་ནས་གསལ་འགྲེལ་དང་ཞིབ་འཇུག་བྱ་ཐུབ།

དེབ་འདིའི་ནང་དྲ་བར་དབྱིངས་ཚུད་པའི་དཔེ་གཞི་གཞིར་བཟུང་། དྲ་བར་དབྱིངས་ཚུད་པའི་རྒྱུ་རྐྱེན་སྣ་ཚོགས་བརྒྱུད། དེ་ལས་བྱུང་བའི་གནོད་འཚེ་ཞིབ་བརྗོད་བྱས་པ་དང་ཆབས་ཅིག། གནོད་འཚེ་སྔོན་འགོག་དང་དྲ་དབྱིངས་གཅོད་ཐབས་གཙོ་གནད་དུ་བཟུང་ནས་དབྱེ་ཞིབ་བྱས་པ་དང་། མཇུག་ཏུ་ཐློག་པ་པོར་ཇི་ལྟར་བྱས་ཏེ་ཚན་རིག་དང་མཐུན་པའི་སྒོ་ནས་དྲ་རྒྱ་བེད་སྤྱོད་བྱེད་ཐབས་སྐོར་གསལ་པོར་བརྗོད་ཡོད་པ་མ་ཟད་ཁྲོན་ཡོངས་ནས་དྲ་དབྱིངས་ཚུད་རྐྱེན་ལ་ཕྱོགས་སོ་སོ་ནས་འགྲེལ་བཤད་བརྒྱབ་ཡོད་ལ། སྤྱི་ཚོགས་ཐུན་མོང་ལ་མངའ་བའི་གནད་དོན་ལ་ཕྱོགས་མི་འདྲ་བའི་སྒོ་ནས་རྟོག་ཞིབ་དང་ཞིབ་དཔྱད་བྱས་ཏེ་འགྲེལ་བརྗོད་ཡང་དག་པར་བྱས་ཡོད།

འདིའི་ལེའུ་དང་པོའི་ནང་དྲ་དབྱིངས་ཞུགས་པ་དང་། ལེའུ་གཉིས་པ་དང་གསུམ་པའི་ནང་གཞོན་ནུ་ལོ་ཆུང་དྲ་བར་དབྱིངས་ཞུགས་པའི་རྒྱུ་རྐྱེན་དང་དེའི་གནོད་འཚེ་བརྗོད་ཡོད། ལེའུ་བཞི་པ་དང་ལྔ་པའི་ནང་སེམས་ཁམས་སློམ་སྦྱིག་བྱས་ཏེ་དྲ་དབྱིངས་ཞུགས་པར་སྔོན་འགོག་བྱེད་ཐབས་དང་བློ་ཐག་ཐད་ཆོད་ཀྱིས་དྲ་བའི་ནང་ནས་དོན་ཐུབ་པ་བྱ་དགོས་པའི་སྐོར་བརྗོད་ཡོད་ལ། ལེའུ་དྲུག་པའི་ནང་ཚན་རིག་དང་མཐུན་པའི་སྒོ་ནས་དྲ་རྒྱ་བཀོལ་སྤྱོད་ཇི་ལྟར་བྱེད་དགོས་པའི་སྐོར་བརྗོད་ཡོད། དེབ་འདིའི་ནང་དཔེ་གཞི་མང་པོ་སྦྱར་ཏེ་ང་ཚོའི་འཚོ་བའི་ཁྲིད་

ཐོན་བཞིན་པའི་དྲ་དབྱིངས་ཞུགས་པའི་སྣང་ཚུལ་ལ་དབྱེ་ཞིབ་དང་གསལ་འགྲེལ་བྱས་པ་དང་ཆབས་ཅིག་བསྡོམས་བཅས་ཀྱི་དྲ་དབྱིངས་གཙོད་ཐབས་ངོ་སྤྲོད་ཞུས་ཡོད་པ་དེའང་། བརྗོད་བྱ་ཁ་གསལ་ལ་སྒྲིག་གཞི་བཀོད་སྒྲིག་འོས་ཤིང་འཚམ་པར་བྱས་ཏེ། ཀློག་པ་པོར་བསམ་གཞིག་གི་སྒྲོམ་གཞི་གསལ་པོ་ཞིག་ཆགས་ཐབས་ཞུས་ཡོད།

གཞན་ཡང་ནང་དོན་ཐད་གཙོ་བོ་ཚན་རིག་རང་བཞིན་དང་ཉེར་སྤྱོད་རང་བཞིན་ཟུང་སྒྲིལ་བྱས་ཏེ། སྡེ་ཚན་སོ་སོའི་སྟོད་ཆའི་མཚམས་སུ་དངོས་བྱུང་དཔེ་གཞི་དྲངས་པ་མ་ཟད། དེ་དག་ལ་དབྱེ་ཞིབ་བྱས་ཡོད་པ་དང་སྡེ་ཚན་སོ་སོའི་སྨད་ཆའི་མཚམས་སུ་དཔེ་གཞི་དེ་དག་གཞིར་བཟུང་ནས་གནད་དོན་གྱི་འབྱུང་གཞི་དང་ངོ་བོ། རིགས་དབྱེ། དེ་བཞིན་ལེགས་ཆ་དང་ཞན་ཆ། ཐག་གཙོད་བྱེད་ཐབས། འཆར་ཟིན་སོགས་གསལ་པོར་བཀོད་ནས་གང་ཐུབ་ཀྱིས་ཀློག་པ་པོས་གོ་བ་ལོན་ཐབས་བྱས་ཡོད།

དཔེ་དེབ་འདི་དྲ་དབྱིངས་ཞུགས་པའི་སློབ་མ་ཚོས་ལྟ་ཀློག་བྱས་ན་ཕན་ཐོགས་ཆེན་པོ་ཡོད་ལ་ཁྱིམ་བདག་དང་དགེ་རྒན་གྱིས་ལྟ་ཀློག་བྱས་ན་ཡང་འཚམ་པོ་ཡོད་པ་མ་ཟད། སློབ་ཆེན་སློབ་མ་དང་སྤྱི་ཚོགས་ཐོག་ཡོད་པའི་གཞོན་ནུ་ལོ་ཆུང་ཚོའི་དཔྱད་གཞིའི་དཔེ་དེབ་ལའང་བརྩིས་ཆོག །སློབ་མ་དང་ཁྱིམ་བདག་ཡང་ན་དགེ་རྒན་སོགས་ཀྱིས་དཔེ་དེབ་འདི་ལྟ་ཀློག་བྱས་ཚེ་དྲ་དབྱིངས་ཞུགས་པའི་འབྲེལ་ཡོད་ཀྱི་ཤེས་བྱ་མང་པོ་ཞིག་ཤེས་རྟོགས་ཐུབ་ལ་ཚན་རིག་དང་མཐུན་པའི་སྒོ་ནས་དྲ་རྒྱ་བེད་སྤྱོད་བྱེད་པ་དང་དྲ་དབྱིངས་ཞུགས་པར་སྔོན་འགོག་ཀྱང་བྱེད་ཐུབ།

目 录

第一章 认清网瘾的实质

网瘾的含义及其基本特征 2

网瘾的分类 3

青少年网瘾症状的主要表现 4

容易上网成瘾的人 5

青少年网瘾并发症的表现 6

克服网瘾的相关建议 8

第二章 导致青少年网络成瘾的因素

生理因素导致网瘾带来的危害 10

导致青少年网络成瘾的心理因素 10

网瘾的心理因素 11

网瘾的社会因素 12

网瘾的学校因素 13

网瘾的家庭因素 14

网瘾的网络因素 14

第三章 网瘾的危害

网瘾给中小学生带来的危害 18

为什么说网瘾是青少年成长的绊脚石 19

上网成瘾对社会的直接危害……20
青少年在网络中迷失自我的原因……21
青少年在网络中迷失自我的危害……22
如何走出网络迷失……23

第四章 调整心态，预防网瘾

孤立自我的特征……26
如何调节自我孤立的心理……26
不注意控制上网时间的影响……27
青少年提升自我约束力的方法……28
青少年负面情绪的表现……29
负面情绪调节的方法……30

第五章 坚强地从网瘾中走出来

戒除网瘾的办法……32
青少年戒除网瘾的家庭方案……34
青少年戒除网瘾后如何巩固……35

第六章 科学合理地使用网络

青少年怎样正确使用互联网……38
加强青少年网络素质教育的途径……38
网络对青少年的积极意义……39
网络帮助青少年成才的途径……40

དཀར་ཆག

ལེའུ་དང་པོ། ཉ་དབྱིངས་ཞུགས་པར་ངོས་འཛིན་གསལ་པོ་བྱེད་དགོས།

ཉ་དབྱིངས་ཞུགས་པའི་གོ་དོན་དང་དེའི་གཞི་རྩའི་ཁྱད་ཆོས། 44

ཉ་དབྱིངས་ཞུགས་པའི་རིགས་དབྱེ། 45

གཞོན་ནུ་ལོ་ཆུང་ཉ་དབྱིངས་ཞུགས་པའི་མངོན་ཚུལ་གཙོ་བོ། 46

ཉ་དབྱིངས་ཞུགས་སླ་བའི་མི། 48

གཞོན་ནུ་ལོ་ཆུང་ཉ་དབྱིངས་ཞུགས་པའི་ནད་རྟགས་ཀྱི་མངོན་ཚུལ། 50

ཉ་དབྱིངས་འགོག་པའི་བསམ་འཆར། 51

ལེའུ་གཉིས་པ། གཞོན་ནུ་ལོ་ཆུང་ཉ་བར་དབྱིངས་ཞུགས་པའི་རྒྱུ་རྐྱེན།

ལུས་ཁམས་ཀྱི་རྒྱུ་རྐྱེན་ལས་ཉ་བར་དབྱིངས་ཞུགས་པའི་གནོད་འཚོ། 54

གཞོན་ནུ་ལོ་ཆུང་ཉ་བར་དབྱིངས་ཞུགས་པའི་སེམས་ཁམས་ཀྱི་རྒྱུ་རྐྱེན། 55

ཉ་དབྱིངས་ཞུགས་པའི་སེམས་ཁམས་ཀྱི་རྒྱུ་རྐྱེན། 56

ཉ་དབྱིངས་ཞུགས་པའི་སྤྱི་ཚོགས་ཀྱི་རྒྱུ་རྐྱེན། 58

ཉ་བར་དབྱིངས་ཞུགས་པའི་སློབ་གྲྭའི་རྒྱུ་རྐྱེན། 59

ཉ་བར་དབྱིངས་ཞུགས་པའི་ཁྱིམ་ཚང་གི་རྒྱུ་རྐྱེན། 60

ཉ་བར་དབྱིངས་ཞུགས་པའི་ཉ་བའི་རྒྱུ་རྐྱེན། 60

ལེའུ་གསུམ་པ། ཉ་དབྱིངས་ཞུགས་པའི་གནོད་འཚེ།

ཉ་དབྱིངས་ཀྱིས་སློབ་གྲྭ་འབྲིང་ཆུང་གི་སློབ་མར་བཟོས་པའི་གནོད་འཚོ། 64

དྲ་དབྱིངས་ཞུགས་པ་ནི་གཞོན་ནུ་ལོ་ཚུང་འཚར་ལོངས་ཡོང་བར་འགོག་རྐྱེན་བཟོ་བའི་
བཀག་རྗོ་ཡིན་ཟེར་དོན་གང་ཡིན་ནམ། 66
དྲ་དབྱིངས་ཞུགས་པ་ལས་སྤྱི་ཚོགས་ལ་བཟོས་པའི་གནོད་འཚེ། 67
གཞོན་ནུ་ལོ་ཚུང་རྣམས་དྲ་རྒྱའི་གློང་དུ་མགོ་འཁོར་བའི་རྒྱུ་རྐྱེན། 69
གཞོན་ནུ་ལོ་ཚུང་དྲ་རྒྱར་མགོ་འཁོར་བ་ལས་བྱུང་བའི་གནོད་འཚེ། 70
ཇི་ལྟར་བྱས་ཏེ་དྲ་རྒྱའི་འཚོ་བ་ནས་དོན་ཐུབ་པ་དགོས། 71

ལེའུ་བཞི་པ། སེམས་ཁམས་སློམ་སྒྲིག་བྱས་ཏེ་དྲ་དབྱིངས་ཞུགས་པར་སྔོན་འགོག་བྱེད་དགོས།
གཞན་དང་མི་མཐུན་པའི་གཤིས་ཀའི་ཁྱད་ཆོས། 74
གཞན་དང་མི་མཐུན་པའི་གཤིས་ཀར་འགྱུར་ལྡོག་ཇི་ལྟར་གཏོང་དགོས། 74
དྲ་འཇུག་བྱེད་ཡུན་ཚོད་འཛིན་མ་བྱས་པ་ལས་བྱུང་བའི་གནོད་འཚེ། 75
གཞོན་ནུ་ལོ་ཚུང་གི་རང་གཅུན་ནུས་པ་གོང་མཐོར་གཏོང་ཐབས། 76
གཞོན་ནུ་ལོ་ཚུང་གི་སེམས་མི་བདེ་བའི་མངོན་ཚུལ། 78
སེམས་མི་བདེ་བ་སེལ་ཐབས། 79

ལེའུ་ལྔ་པ། བློ་ཐག་ཐད་ཆོད་ཀྱིས་དྲ་བའི་ནང་ནས་དོན་ཐུབ་པ་བྱེད་དགོས།
དྲ་དབྱིངས་གཅོད་ཐབས། 82
གཞོན་ནུ་ལོ་ཚུང་དྲ་དབྱིངས་གཅོད་པའི་ཁྱིམ་ཚང་གི་འཆར་གཞི། 84
ཇི་ལྟར་བྱས་ནས་གཞོན་ནུ་ལོ་ཚུང་ཡང་བསྐྱར་དྲ་དབྱིངས་མ་ཚུད་པའི་བྱ་ཐབས་སུ་བརྟན་དུ་
གཏོང་དགོས་སམ། 85

ལེའུ་དྲུག་པ། ཚན་རིག་དང་མཐུན་པའི་སྒོ་ནས་དྲ་རྒྱ་བཀོལ་སྤྱོད་བྱེད་དགོས།
གཞོན་ནུ་ལོ་ཚུང་ཚོས་ཇི་ལྟར་བྱས་ནས་དྲ་རྒྱ་བེད་སྤྱོད་ཡང་དག་པར་བྱེད་དགོས། 88
གཞོན་ནུ་ལོ་ཚུང་གི་དྲ་རྒྱའི་བྱང་ཚད་སློབ་གསོར་ཤུགས་སྣོན་རྒྱག་པའི་ཐབས་ལམ། 88
དྲ་རྒྱས་གཞོན་ནུ་ལོ་ཚུང་ལ་ཕན་པ་གང་དག་ཡོད་དམ། 90
དྲ་རྒྱས་གཞོན་ནུ་ལོ་ཚུང་འཛོན་ནུས་ཅན་དུ་འགྱུར་བར་ལམ་སྣེ་འདྲེན་པ། 91

第一章

认清网瘾的实质

网络成瘾是网络过度使用的一种表现，它会导致成瘾者在生理和心理上产生不适，以及行为上表现出异常，并可能相应地影响身心健康，如社交能力下降、情感趋于冷漠及心理扭曲等。网络成瘾较多出现于自制力偏弱、人际关系较差和家庭不和谐的青少年群体，我们应给予其特别关注，并可参考网瘾自测表进行分析和比照。

网瘾的含义及其基本特征

1. 习惯性

一旦网络成瘾便会养成每天依附于网络的习惯，形成特殊生物钟。

2. 长期性

网瘾者会在网络中消耗大量时间。

3. 依赖性

网瘾者的心理会对网络产生强烈的依赖。

4. 难以摆脱性

网瘾者很难从这种状态走出来。

网瘾的分类

1. 网络游戏成瘾

这类成瘾者将大量的精力、时间与金钱花费在网络游戏、赌博、拍卖和购物等活动中。这是最早引起人们注意的一种网络成瘾症。

2. 网络色情成瘾

这类成瘾者沉迷于交换、观看和下载色情作品。

3. 网络信息成瘾

这类成瘾者经常强迫性地在网上查找或者收集一些不迫切需要的或者无关紧要的、无用的信息。

4. 网络技术成瘾

这类成瘾者经常强迫性地沉溺于游戏程序或者电脑编程中无法自拔。需要指出的是，这与电脑程序员的工作不一 样，该类成瘾者不具有计划性和目的性。

5. 网络交际成瘾

此类成瘾者利用网站的聊天室和各种聊天软件进行人际交流，无法自拔。网络交际成瘾可分为网恋成瘾和交友成瘾，二者的共同点是在网上交友。对这些成瘾者而言，现实生活中的朋友和家人远不如线上朋友重要。

青少年网瘾症状的主要表现

网瘾的临床表现为患者对网络依赖过重，并且出现一系列生理性和心理性的异常感与不适感。青少年网瘾者不仅会因为生理原因而耽误学习，还可能因其消极的心理状态使生活质量下降，甚至会形成诸多恶习，带来非常严重的后果。

12岁的男孩朋朋，偶然的机会跟同学一起进了黑网吧，从此一发不可收拾。朋朋对网络越来越迷恋，原本上课认真的他，逐渐开始变得注意力无法集中、躁动不安、两眼无神。而一进网吧，他就生龙活虎、两眼放光。没钱就偷钱上网，被父母限制去网吧时，他表现得很焦躁和逆反，还乱砸东西。慢慢地，朋朋出现了更加严重的症状：头晕头疼、两手发颤、贫血、肠胃痉挛。

网瘾者在沉迷于网络世界时，大脑会分泌种能使自己短时间高度兴奋的化学物质多巴胺。习惯了这种舒适感后，如果无法得到这种物质的刺激，就会烦躁不安，并且迫切地希望回到网络世界中去，重新回到那种惬意的环境氛围。

容易上网成瘾的人

1. 自制力弱的人

许多有网瘾的人都有这样的问题，明知道这样做不对，自己也不想继续这样，可是一上网就会控制不住自己，这是自制力差的典型表现。我们要知道，生活中往往需要做出很多选择，什么是正确的，什么是错误的，什么该做，什么不该做，这关系到一个人的一生。若把人生的元素尽可能简单化，那么选择就是一个人一生中最重要的事情，选择的正确率越高，获得成功的机会也就越大。

2. 抗挫折能力差的人

一些原本学习成绩好的人在考试或升学中遭受挫折后，没有了为“位置”“名次”等学习的动力，部分人开始痴迷于网络。为什么会出现这样的情况？归根结底是因为这些人没有形成正确的学习观和较好的抗挫折能力。

3. 学习成绩差的人

父母及老师过于看重学习成绩和考试分数，对孩子期望极高，使得那些学习不好的中小学生缺乏成就感。所以，他们一旦无法在学习上取得成功，就会逃避现实。而在网上只要闯过一关，便能够得到“回报”，这样的成就感是他们在现实生活中难以得到的。

4. 没有良好的人际关系的人

一个人没有良好的人际关系的时候，会通过网络来逃避现实生活。尤其是性格内向的人，当问题得不到解决的时候，通常会认为网络更适合自己，从而上网成瘾。在现实生活中，他们不善于表达自己，而网上交友没有面对面的拘谨，这也是一些人痴迷网络的原因。

5. 家庭不和谐的人

家庭不和谐导致一些人难以在家庭中得到温暖，而在网络的世界里，他却能得到许多人的帮助。正是虚拟世界和现实生活的反差，使得他们将自己大部分的精力与时间花在网络上。

青少年网瘾并发症的表现

1. 强烈的依赖感

随着上网时间的延长，网络变成一种客观心理需要，成为心理依赖的对象。

2. 社会功能下降

对青少年来说社会功能下降主要体现在不能完成课业任务，大量时间被上网占用，注意力和精力都在网络世界中。

3. 人际交往能力下降

表现为网络社交能力的上升和现实沟通交际能力的下降，对周边的人和事存在一种逆反态度。

4. 情感冷漠

有些青少年在浏览了一些网络不良信息后，性格受到了影响，和本来熟悉的亲人、要好的伙伴慢慢地疏远。

5. 行为不良

长期看不健康的信息会潜移默化地影响情绪与思维，甚至对病态的价值观产生认同感。

6. 心理上的扭曲

主要表现为思维紊乱，不能控制情绪、人格混乱、扭曲现实或者与现实脱离等。

克服网瘾的相关建议

1. 体育锻炼

用生理上的刺激来刷新思维的僵化。一早醒来，脑子里又开始幻想网络世界时，不妨出门晨跑一圈，出一身汗，会感觉自己又焕然一新。

2. 接触外界

主动靠近周围的人，用心观察每个人身上的闪光点，并尝试与他们做朋友。当你能够建立现实中充满魅力的社交圈子时，网络的吸引力就黯淡了许多。

3. 多看正能量的电影

一般影院里播放的都是经过精排细选的带有教育意义和审美价值的影片，它传达被社会普遍认可的价值观、正能量，可以有效克制网络不良信息对心理的影响。

第二章

导致青少年网络成瘾的因素

青少年网络成瘾的原因比较复杂，是生理、心理、社会、学校、家庭和网络等多种因素相互作用的结果。其中，生理、心理是网络成瘾的内部因素，社会、学校和家庭等是网络成瘾的外部因素。

生理因素导致网瘾带来的危害

长期在网上浏览不良信息，耗费大量的时间和精力，分散学习注意力，学习成绩大幅度下降；抵制不住低级内容的诱惑，染上不良习惯，影响身体发育；抵挡不住诱惑而采取其他手段筹钱上网，欺骗、偷窃甚至滑向犯罪深渊；血气方刚的青少年有可能骚扰、侵犯异性，甚至走向犯罪道路。

14 岁的冬冬是初中生，平时学习成绩还算可以，能排到班级前 20 名。但近来学习成绩直线下降，精神状态也萎靡不振，还总向家里人要钱，说是买吃的。他哥哥经过探查，发现冬冬在很多 QQ 群内观看色情直播，并向直播的多名主播发放红包，一个多月竟花费了上千元。他哥哥非常愤怒，将群内的让人无法直视的聊天记录截屏打包保存，并专门制作了 PPT 向社会披露，他痛心地说："难道社会可以容忍这种下流风气？"

有报纸专门为此事采访了冬冬的哥哥，并将导致冬冬学业荒废的一系列事实呈报给腾讯公司。后来，国家查明并封停涉及此类事件的色情 QQ 群 19 个，相关群主和管理员账号 31 个。几个月后，冬冬的哥哥接受了记者采访，称虽然管住了冬冬的一个 QQ 账号，却无法完全戒除冬冬的网瘾。

导致青少年网络成瘾的心理因素

青少年时期是人的一生中心理变化最为复杂和快速的时期，也是心理的塑形期。随着年龄的增长，青少年在生理上日渐成熟，心理上也逐渐发生变化，自主意识日益强烈。他们认为自己有足够的分辨是非的能力，有了对自由的向往，也产生了一定的逆反心理。他们的好奇心越来越强，对网络上色彩缤纷的新事物有着强烈的探寻欲望。

正在上初三的丫丫是独生女，平时学习压力大，也没有兄弟姐妹可以陪伴和倾诉。在一个偶然的机会，她开始迷上了网络小说，经常看到半夜两三点。后来，随着她接触的网络内容更为丰富繁多，她周末在家的时候能看一整天手机。其实，丫丫也明白学习的重要性，可是只要一有空闲便想拿起手机上网，完全没了理智。这样的状况已经持续了半年，丫丫也不知道怎么办。每次只要写完作业，她就不想再学习，只想上网。

网瘾的心理因素

1. 孤独的心理状态

青少年渴望与同龄伙伴交流，以此来缓解心中压力，但现在的中小学生多为独生子女，没有兄弟姐妹，容易产生孤独感；再加上学业压力大，他们更需要宣泄自己的烦恼和孤独。于是，他们很容易将注意力投向网络，让孤独的心灵得到安慰。

2. 逃避心理

青少年的心理远未成熟，在面对挫折时容易引发强烈的挫败感，而产生逃避心理。现实中的失败只能让他们向虚拟的网络撤退，在网络中真实身份是可以隐藏的，个人可以全无忌讳，畅所欲言。这也使他们深陷其中，无法自拔。

3. 猎奇心理

青少年有着强烈的猎奇心理，对新鲜事物的认同和接受能力都很强。而网络正是新观念、新事物和新消息的集中发布地，正符合了青少年的心理需求。

4. 攀比心理

青少年的心理还处于不成熟状态，辨别是非的能力不强，自控力差。而网络正好为他们争强好胜的心理提供了舞台。在那里，他们可以一展身手，使虚荣心得到满足。

网瘾的社会因素

1. 黑网吧

黑网吧就是指未经国家相关部门批准同意，偷偷开立的网吧。这类网吧一般卫生差，环境恶劣，不仅非法容留未成年人上网，还为了诱惑更多未成年人前来，允许他们浏览各类不良信息。

2. 各类网络游戏商家

为了获取更多的金钱，一些商家把矛头对准未成年人。他们设计各类可能吸引未成年人的游戏、软件和应用程序等，让未成年人陷入其中，不能自拔。

3. 社会行为

大人们热衷做的事，往往也是孩子们倾向去尝试和模仿的东西。现今一些家长沉迷于网络游戏、各类娱乐软件，孩子们也容易跟风。

网瘾的学校因素

1. 形式化

学校对电脑及网络教育不够重视，偏于形式化，起不到向学生传授科学有效的网络知识的作用。德育基本是说教，学生很难从内心接受。

2. 心理教育疏漏

心理教育是一种个体化、个性化要求很强的教育模式，而一个班几十个学生，班主任或辅导员很难对所有人都了如指掌，并量体裁衣地进行心理辅导。这也是有网瘾的孩子得不到及时关注和疏导的原因。

3. 缺乏学习氛围

学校内部的学习氛围不够浓厚，同学之间互相引导、互相影响，出现集体沉迷网络的状况。

4. 学习压力大

学校的文化课学习压力过大，学生产生逃避心理或因逆反心理而陷入网络世界中。

网瘾的家庭因素

孩子因感受不到父母足够的关爱，向网络空间寻找寄托；父母过于溺爱孩子，放纵孩子沉迷网络；孩子被父母严格管制，过于压抑，去网络空间放松；父母本身沉溺于网络，孩子也同样被放任在网络空间里，无法自拔。

网瘾的网络因素

1. 网络直播间

对在现实中受到挫折或学习压力过大的孩子们来说，直播间给了他们畅所欲言的机会。而且青少年本身就有和外界自由沟通、平等交流的需求。这使青少年更容易沉迷其中。

2. 网络游戏

网络游戏为在现实中迷茫的青少年提供了设立具体目标的机会，满足了孩子们对成就感的需求。

3. 网络小说

确实有一群热爱文学、追求真善美的网络作家为我们提供了营养的精神食粮。但是，也有很多网络写手为了个人利益，用虚幻的故事来吸引眼球。这些结构零散、内容低俗的小说不仅降低了青少年的审美趣味，还浪费他们大量的时间和精力。

4. 网络色情

很多家长和老师谈性色变，对此刻意回避。这反而使孩子们对性的问题更加好奇，甚至转向网络寻找答案，最终误入歧途。

第三章

网瘾的危害

网瘾不断吞噬青少年的身心健康，因网瘾逃学、离家出走、猝死在网吧、抢劫、偷盗、走上犯罪道路的现象屡屡发生。对个人、家庭、社会造成了极大伤害。

网瘾给中小学生带来的危害

1. 生理方面

长时间沉迷网络可导致视力下降、情绪低落、睡眠节奏紊乱、肩背肌肉劳损、消化不良、食欲不振、免疫功能下降。部分网瘾者停止上网就会出现头痛、失眠、注意力不集中、体重下降、恶心厌食等问题。上网时间过长会使大脑一直处于兴奋状态，引发生理变化，如自主神经功能紊乱等，由此诱发抑郁症、焦虑症、心血管疾病。

2. 心理方面

中小学生长时间沉迷网络，变得自我封闭，与现实产生隔阂，不愿与人交往，时间一长，中小学生正常的心理定位、情感和认知受到影响，甚至还会导致人格异化。网瘾者控制不住上网的冲动，这种冲

动会导致在学习的时候注意力无法集中，记忆力衰退；长期使用视觉形象思维，使逻辑思维能力变弱，对生活和学习失去兴趣，缺乏时间感，意志消沉。

3. 行为方面

中小学生一旦上网成瘾会直接影响正常的学习，不能集中注意力，不能按时完成作业，成绩下降，对学习没有兴趣和信心，甚至还会厌学、辍学。有的中小学生上网成瘾以后，为了能上网，不惜花掉自己的生活费、学费，然后骗老师、父母的钱，严重者发展为抢劫、偷窃，最后走向犯罪的道路。

4. 道德方面

网络世界是现实世界的延伸。网络极易将现实中的事物夸大，使中小学生角色认知混乱。网络可以掩饰人的真实身份，还可以将年龄、性别、社会地位等隐藏起来，在这样虚拟的世界，中小学生一不小心就会迷失自己。长期玩飙车、枪战、爆破等网络游戏，血腥的场面和内容极易使中小学生的道德认知变得模糊，弱化现实生活与虚拟游戏的差异。错误的认知一旦形成，对构建健全的人格和形成正确的认知造成极大的负面影响。

为什么说网瘾是青少年成长的绊脚石

1. 害怕面对现实

染上网瘾的少年往往因为虚拟世界的数字化和限定化特征，缺少承受失败的毅力。网络世界的成功有自己限定的套路，往往只要付出足够的时间，就可以轻松收获“成功”。这和现实世界成功的不确定性和需要付出艰苦努力的特性大相径庭，也使网瘾青少年更加不敢面对现实，不敢迈出前进的脚步。

2. 缺乏自我控制能力

沉溺于网络的青少年恰恰就是因为缺乏自控力才无法从网络的泥潭里脱身。没有自控力就没有踏实做事的基础，这也是网瘾成为绊脚石的主要原因。

3. 缺乏沟通能力

网瘾青少年习惯了网络交际模式，缺乏现实中人际沟通能力。成功需要和很多人进行积极的沟通交流，广泛吸取别人的建议和意见。在这个多元化的社会，单打独斗是很难成功的。

4. 对周围事件不感兴趣

网瘾青少年往往把关注点完全投入网络中，而忽略了周围的世界。他们对现实生活缺乏热情，缺少活力，在受到挫折时很容易自暴自弃。

上网成瘾对社会的直接危害

1. 走上错误的道路

中小学生叛逆心强、好奇心强，常常会出现网络使用不当的行为，再加上一些不良信息的误导，他们极易误入歧途。

2. 影响世界观形成

随着网络技术的发展，虚拟游戏的仿真程度也日益提高，网络游戏中人物的扮演模式带来的刺激和感受超乎人们的想象。游戏中的掠夺行为使中小学生难以分清虚拟和现实生活，给其尚未成熟的世界观带来不良影响，对现实生活产生错误的认识。

3. 审美低俗化

各类商业化的网络直播平台把粉丝数量和礼物数量作为衡量旗下主播收入的标准，导致主播们挖空心思使用各种手段吸引青少年，甚至不惜用低俗的方法诱惑粉丝，造成不良的社会影响。

青少年在网络中迷失自我的原因

1. 现实中遇到困难和挫折

考试成绩不好、家庭出现变故等，会让青少年产生逃离当前现实的愿望和冲动，网络首当其冲地成了他们躲避现实的“桃源”。

2. 网络世界的吸引

网络充满吸引力的世界让青少年甘愿拜倒在它的脚下，逐渐疏离现实，最终迷失于网络。

3. 心理不够成熟

青少年的心理还未成熟，即使发现自己误入歧途，想回头也缺乏足够的意志力，难以摆脱网络磁石的吸引，导致越陷越深。

4. 缺乏合理而科学的监控和引导

父母和老师对孩子的迷失一般都是后知后觉，往往在孩子有了网瘾后才发现。这种不及时、不合理的管控也是造成青少年迷失网络的原因之一。我们要及时了解孩子的心理动向，并给予监督引导。

青少年在网络中迷失自我的危害

1. 形成网瘾

最直接的害处就是形成网瘾，就像流浪的猫咪一样，在外长时间的迷失会让它失去回家的愿望和动力，成为一种习惯性“迷失”。

2. 阻碍身体发育

网络迷失打乱了青少年现实生活中的作息习惯和生活节奏，导致睡眠质量不高，茶饭不思，不利于身体发育。

3. 情感淡化、不思学习

网络迷失让青少年忘记了自己的本分，忘记了学习，忘记了家人，忘记了同学和老师。他们的学习成绩直线下降，和家人、同学及老师的情感疏远。

4. 造成心理成长滞后

习惯于面对网络中设定好的世界，习惯于在相对友好的环境中生存。当面对现实中的困境和难题时，他们往往表现出怯懦和恐惧。

如何走出网络迷失

1. 勇敢地面对现实

临渊羡鱼，不如退而结网。不管有多少顾虑，都不如直接付诸行动，鼓足勇气摆脱对网络的依赖，走出迷失。

2. 认识时间的重要性和不可逆性

青少年真正意识到应该把宝贵的时间投入有意义的活动的时候，才能得到成长，才具备走出迷失的能力。

3. 留心观察生活中的点点滴滴

迷失在网络世界的孩子大多未能发现生活本身的丰富多彩和趣味，引导他们发现、体验生活中的美，让他们真正对现实世界产生兴趣，走出虚幻的网络世界。

4. 心理疏导

老师和家长积极对青少年进行心理辅导，耐心引导他们走出来。

5. 参加课外活动

积极参加各类网络知识教育活动，科学地认识虚拟与现实之间的关系，认识过度依赖网络的危害。

第四章

调整心态，预防网瘾

有效预防网瘾，比有了网瘾再进行治疗和弥补，对青少年更有益。合理调整心态是预防网瘾的有效方法，拥有平和、淡然心态的青少年更不容易染上网瘾。此外，丰富的兴趣、爱好和温馨的家庭氛围都有助于预防网瘾。

孤立自我的特征

1. 孤傲

这样的青少年认为自己比别的孩子天资优越，不屑于和其他人来往。

2. 自私

这样的青少年很难交到朋友，导致交际缺失。

3. 虚荣心

关注点都在自我身上，有一种舍我其谁的气势，这种孤芳自赏的态度将是其人生发展的大敌。

如何调节自我孤立的心理

1. 沟通

尝试和外界进行沟通，即使你觉得和别人没有默契，也并不妨碍你们在某些问题上相谈甚欢。每个人都有闪光点，尝试着发现别人的优点。

2. 分享

人是社会性的动物，个人能力即使再高，也需要其他人的帮助和协调。

不注意控制上网时间的影响

1. 依赖网络生活

如果对上网过于依赖，那么青少年很难走出这个虚拟世界。久而久之，个体很难体会到存在于现实生活中的挑战感与危机感，而且长时间上网还会给青少年的健康成长带来不利影响。

2. 阻碍交往

尤其是在寒假和暑假期间，许多中小学生将假期生活的大部分时间用来上网。长时间沉迷在网络世界中，减少与父母、朋友交流的时间，会对性格及人际交往能力的发展带来不利影响。

3. 影响身体健康

长时间盯着屏幕会引起斜视或者近视，来自电脑或手机的辐射还会对人

体产生影响。如果上网的时间过长，极易出现学习障碍和注意力集中障碍，且时间越长危害性越大。此外，长时间坐着不动也会导致肥胖、免疫功能下降、激素分泌失调等问题。

青少年提升自我约束力的方法

1. 心跳训练法

首先排除所有的杂念，使内心保持绝对安静。这时，将注意力集中在肚脐下三寸处，即丹田穴。这种训练可以随时随地进行，一般都可以起到显著的效果。

2. 呼吸训练法

人处于恐慌、激动、发怒的状态中，不仅意识不到呼吸变得急促，连呼吸困难也察觉不到。所以，中小学生可以进行呼吸训练，如静坐、站立，使全身放松，并进行深呼吸；或者在慢走的同时进行深呼吸。

3. 肌肉训练法

这种训练方法有助于克服紧张，消除疲劳，甚至还可以治疗一些疾病。如果可以常常进行这样的放松训练，中小学生就能够学会自我控制。

4. 自我暗示、自我激励

一个人的行动往往为意志所控制，中小学生还可以通过自我暗示和自我激励来提高自我约束力。积极的心理暗示会让人变得自信，从而提高约束力。自我激励就是一个人自己给自己提出要求，自己指挥自己，做自己的司令员。

青少年负面情绪的表现

1. 生气

生气会对身心造成不良的影响，使人变得不冷静、情绪失控。

2. 焦虑

在面临较大压力的时候，如参加考试时，就会产生焦虑的情绪。焦虑消耗人的能量和精力，可能导致失眠。

3. 内疚

因没有抵抗住某些外部诱惑而做了不应该做的事，可能出现内疚的情绪。

4. 失望

考试成绩不理想是导致失望的原因之一，它是期望落空时的一种心理状态。

5. 悲哀

被老师和家长批评时可能产生这种情绪。

6. 恐惧

做出可能带有严重后果的行为后常常会怀有恐惧心理。

负面情绪调节的方法

1. 体育锻炼

情绪低落时进行体育锻炼是最好的调节办法，体育锻炼能使人心情愉悦，提升兴奋度。

2. 音乐调节法

音乐能调节人的神经系统，缓解肌肉紧张，并能消除抑郁、焦虑等负面情绪。

3. 找朋友诉说

找朋友聊天诉说就是宣泄负面情绪最好的方式。

4. 理智反思

有很多负面情绪是因为缺乏对事物的理解。任何事情都有它的两面性，不妨换个角度思考问题，尽量往好的方面去想。

5. 升华思维

负面情绪也可以成为一个人努力的动力，如化悲痛为力量。痛定思痛，才能浴火重生，重整旗鼓。这就是思想和精神升华的过程。

第五章

坚强地从网瘾中走出来

从网瘾中走出来需要强大的意志力和自信心，这体现了想要改变自己的坚决愿望和决心。青少年的心理发育还不够成熟，在走出网瘾的过程中，往往还需要家庭、学校和社会的多方协助。需要注意的是，克服网瘾的战果需要保护和巩固，否则，一不小心就容易重蹈覆辙。

戒除网瘾的办法

1. 做好调整计划

想把任何事情做好都需要有一个计划，然后按部就班按照制订好的计划进行。计划不合实际就可能产生畏难和无成就感，最终导致戒除网瘾失败。

2. 直面困难

戒除网瘾不是走过程，要面对困难，要战胜自己的内心。当你把面前的困难当成机遇，大胆地迎上去时，自然会获得动力。

3. 离开网瘾舒适区

首先要告诉自己，应该从舒适区走出来，那里只是暂时的避风港，不是人生的归宿。

4. 掌握好情绪

准备戒掉网瘾需要一定的心理预备，要让自己变得积极、乐观起来。

5. 给自己设立目标

做什么事情都需要一定的目标作为推动力，不妨把目标定得高一些，让它更具有吸引力。

6. 在反复中进行反思

做任何事都不可能一帆风顺，时常都会遇到困境或反复。不要因为网瘾的反复而丧气，应该积极进行反思，找出症结所在。

7. 增强紧迫感

除了设定远景目标，还要增加一些紧迫感。要觉得自己已经比别人落后了，所以更需要快马加鞭赶上去。

8. 远离网友和网络游戏

网友再好、网络游戏目标再诱惑，那也只是促使你继续沉湎网络的诱饵，长痛不如短痛，所以尽量远离网友和网游。

9. 放松并保持战果

当网瘾真正得到根除的时候，要保持放松的态度，切忌因大意而前功尽弃。

青少年戒除网瘾的家庭方案

1. 良好的家庭环境

父母应尽量营造一个温馨、和谐的家庭环境，让孩子的心理发育向着良性的方向发展。

2. 制定规则

父母提供一定的网络设备，制定合理的上网规则。让孩子按规则上网，这样在一定程度上可减少其上网时间。

3. 仔细观察孩子

父母要及时观察孩子的行为和心理变化，一但发现异常，马上采取相应的措施。

4. 耐心引导

发现孩子有网瘾后，要耐心引导孩子，发现症结所在，并根据情况对症下药。

青少年戒除网瘾后如何巩固

丰富自身的兴趣爱好和业余生活；在现实中拓展自己的交际圈子；多和朋友去参加一些集体户外活动，既锻炼身体，又充实心灵；尽量和朋友、同学或家人一起上网，给自己一个以交际为主、上网为辅的心理暗示；这样可以避免再一次被网络所引诱；尽量少接触网络游戏，尽量不去网吧；把自己的网络游戏账号转让给别人，或干脆将其删除。

第六章

科学合理地使用网络

网络的发展是有益于人类进步的。想要和网络友好相处，让它成为良师益友，就要首先学习怎么和它相处；同时也要注意这位朋友本身的变化，要常常帮它去除污秽，即净化网络环境。如果你能学会利用这位朋友的长处，就可以受益无穷。

青少年怎样正确使用互联网

1. 合理安排上网时间

规定具体的上网时间，做任何事情都要有度。

2. 规避不良信息

在老师和家长的指导下对网络上的有害和不良信息进行有效规避，如安装屏蔽软件或防火墙，防患于未然。

加强青少年网络素质教育的途径

1. 个人方面

青少年积极制订和实施个人网络素质水平提升行动计划，提升网络素质能力。女性青少年应重点培养自身的信息搜索、分析和评价等能力，男性青少年应注意自身的信息控制能力和注意力的管理。

2. 家庭方面

父母应尽量营造良好的家庭氛围，建立良好的亲子关系，并制定家庭上网规则。父母亲要合理发挥各自的特长，在各方面引导孩子。青少年的注意力管理能力较弱，需要父母进行合理干预。

3. 学校方面

学校在进一步提升教师素养的基础上，也要引入社会第三方力量进校园进行相关教育培训活动，帮助学生们更为直观和形象地学习网络知识。

网络对青少年的积极意义

1. 释放心理压力

青少年学生处于青春期，通常会心理封闭，很多痛苦和烦恼无法释放。而且他们中很多人不喜欢与父母和老师交往，彼此无法进行坦诚的交流。网络使这一问题得到了解决，孩子们和朋友聊天，敢于将自己的心里话说出来，从而释放自己的压力。

2. 使各项能力得到发展

中小学生的好奇心强，而网络中丰富的信息大大满足了中小学生的好奇心。中小学生一定能在网络中发现自己感兴趣的知识，满足自身对知识的需求，通过这种方法，中小学生可以根据自己的兴趣探索世界。因此，网络不仅可以激发中小学生的求知欲，而且能够提高其刻苦钻研的能力。

3. 有利于提高中小学生的创新性

在信息丰富的网络时代，中小学生已不仅仅是文化知识和信息的接受者，还扮演着创造者和选择者的角色。中小学生可以根据自身的兴趣选择网络信息，并发挥主观能动性进行创新，这有利于提高他们的创新能力。

4. 有利于自我控制、自我激励，使自我意志得到强化

网络使人与人之间的交往变得方便快捷，降低了彼此之间交流的难度。尤其处在“虚拟环境”，面对多种信息和诱惑都需要有控制力。在这个过程中，自我意志力和自我控制能力得到了提高。

5. 有利于提高思维能力和解决问题的能力

网络为中小学生提供了一个更加广阔的世界，前沿科技、各种头脑风暴都使中小学生有机会认识和理解新事物，这有助于提高他们的思维能力，也有利于锻炼他们解决问题的能力。

网络帮助青少年成才的途径

1. 提高成绩

青少年应积极利用网络的优势，更高效、更省力地学习。在网络立体化的视觉传达面前，同学们对知识的理解会更深刻，有利于提高学习成绩。

2. 提高效率

青少年应积极利用网络空间的强大知识储备，遇到不懂的问题，可以请教网络这个万事通。网络搜索引擎的优势就在于它的即查即用，随时有问题随时查，节省时间，提高学习效率。

3. 加强交流、拓宽视野

青少年应积极利用网络空间的各类资源，开阔自己的视野和思维。青少年应积极利用网络空间的社交优势，参与一些网络上的科技学习小组，与他人进行互动交流，互通有无，达到共同进步、共同成功的目的。

ལེའུ་དང་པོ།

དྲ་དབྱིངས་ཞུགས་པར་ངོས་འཛིན་གསལ་པོ་བྱེད་དགོས།

དྲ་བར་དབྱིངས་ཞུགས་པ་ཞེས་པ་ནི་བར་མཚམས་མེད་པར་དྲ་བར་འཇུག་པའི་བྱ་སྤྱོད་ཅིག་ལ་ཟེར་ཞིང་། དེས་མིའི་གཟུགས་པོ་དང་སེམས་ཁམས་ལ་མི་བདེ་བ་བཟོ་བ་མ་ཟད། བྱ་སྤྱོད་ཀྱང་དུས་རྒྱུན་དང་མི་འདྲ་བར་འགྱུར་ནས་ལུས་སེམས་བདེ་ཐང་ལ་དེ་མཚུངས་ཀྱི་གནོད་པ་བཟོ་བ་སྟེ། དཔེར་ན། སྤྱི་ཚོགས་ཀྱི་རྒྱུན་གཏན་འགྲོ་འོང་གི་ནུས་པ་ཉམས་པ་དང་རྣམ་འགྱུར་ངན་ཞིང་ཚུལ་མིན་གྱི་བསམ་པ་སྐྱེ་བ་སོགས་བྱེད་སྲིད། དྲ་བར་དབྱིངས་ཚུད་པའི་སྣང་ཚུལ་མང་ཆེ་བ་ནི་རང་གཅུན་གྱི་ནུས་པ་ཞན་པ་དང་མི་དང་འབྲེལ་གཏུག་ཉུང་བ། དེ་བཞིན་ཁྱིམ་ཚང་འཆམ་མཐུན་མེད་པའི་ལོ་ཆུང་གཞོན་ནུར་འབྱུང་སླ་བས། ང་ཚོས་ངེས་པར་དུ་དོ་ཁུར་ནན་པོ་བྱ་དགོས་པ་མ་ཟད་དྲ་བར་དབྱིངས་ཚུད་པའི་རང་བཤེར་རེའུ་མིག་ལ་བལྟས་ནས་དབྱེ་ཞིབ་དང་གཤིབ་བསྡུར་བྱེད་དགོས།

ཌྲ་དབྱིངས་ཞུགས་པའི་གོ་དོན་དང་དེའི་གཞི་རྩའི་ཁྱད་ཆོས། ✧

༡ གོམས་གཤིས་རང་བཞིན།

དྲ་དབྱིངས་ཞུགས་ཚེ་ཉིན་ལྟར་དྲ་བར་ཞུགས་པའི་གོམས་གཤིས་འཛུགས་ནས་འཚོ་བའི་གོམས་གཤིས་དམིགས་བསལ་ཅན་ཞིག་ཏུ་འགྱུར་བ།

༢ རྒྱུན་རིང་རང་བཞིན།

ནྲ་དབྱིངས་ཞུགས་མཁན་གྱིས་ནྲ་བའི་ཁྲོད་དུ་དུས་ཚོད་མང་པོ་འགྲོ་བཏང་གཏོང་བ།

༣ གཞན་བརྟེན་རང་བཞིན།

ནྲ་རྒྱུར་དབྱིངས་ཞུགས་མཁན་གྱི་སེམས་པ་ནྲ་བ་དང་བྲལ་དཀའ་བར་འགྱུར་བ།

༤ ཐར་དཀའ་བའི་རང་བཞིན།

ནྲ་རྒྱུར་དབྱིངས་ཞུགས་པའི་མི་རྣམས་ནྲ་བའི་ནང་ནས་ཐར་དཀའ་བའི་གནས་ལ་གྱུར་བ།

ནྲ་དབྱིངས་ཞུགས་པའི་རིགས་དབྱེ།

༡ ནྲ་ཐོག་གི་རོལ་རྩེད་ལ་དབྱིངས་ཞུགས་པ།

ནྲ་བར་དབྱིངས་ཞུགས་མཁན་འདི་རིགས་ཀྱིས་སེམས་ནུས་དང་དུས་ཚོད། རྒྱུ་ནོར་བཅས་ནྲ་ཐོག་གི་རོལ་རྩེད་དང་རྒྱན་འཛུགས། དེ་བཞིན་ཉོ་འཚོང་བྱེད་པ་སོགས་ཀྱི་ཐད་དུ་འགྲོ་བཏང་གཏོང་གི་ཡོད། འདི་ནི་མི་རྣམས་ཀྱི་ནྲ་དབྱིངས་ཞུགས་པའི་སྣང་ཚུལ་གྱི་ཐོག་མའི་ངོས་འཛིན་དེ་ཡིན།

༢ ནྲ་ཐོག་གི་ཆགས་སྲེད་ལ་དབྱིངས་ཞུགས་པ།

མི་འདི་རིགས་ནྲ་ཐོག་ཏུ་འདོད་བརྙན་ལྟ་བ་དང་བསྐུར་རེས་བྱེད་པ། ཕབ་ལེན་བྱེད་པ་བཅས་ལ་དབྱིངས་ཞུགས་ནས་སྡོད་ཀྱི་ཡོད།

༣ ནྲ་ཐོག་གི་ཆ་འཕྲིན་ལ་དབྱིངས་ཞུགས་པ།

མི་འདི་རིགས་ཀྱིས་རྟག་ཏུ་ནྲ་ཐོག་ནས་རང་ཉིད་ཀྱི་འཚོ་བ་དང་འབྲེལ་བ་མེད་པའི་ཆ་འཕྲིན་འཚོལ་བཤེར་དང་འཚོལ་བསྡུ་བྱས་ནས་སྡོད་ཀྱི་ཡོད།

༤ དྲ་བའི་ལག་རྩལ་ལ་དབྱིངས་ཚུད་པ།

དྲ་བར་དབྱིངས་ཞུགས་པ་འདི་རིགས་ཀྱིས་ཧྲག་ཏུ་བཙན་སྐུལ་རང་བཞིན་གྱི་སྒོ་ནས་རོལ་རྩེད་གོ་རིམ་དང་གློག་ཀླད་ཀྱི་གོ་རིམ་སྒྲིག་སྟངས་ལ་དབྱིངས་ཚུད་ཀྱི་ཡོད། དེའང་གློག་ཀླད་གོ་རིམ་སྒྲིག་མཁན་གྱི་ལག་རྩལ་མི་སྣ་དང་མི་འདྲ་བར། མི་འདི་དག་ལ་འཆར་གཞི་དང་དམིགས་ཡུལ་གྱི་རང་བཞིན་ལྡན་མེད།

༥ དྲ་ཐོག་གི་འབྲེལ་གཏུག་ལ་དབྱིངས་ཞུགས་པ།

མི་འདི་རིགས་ནི་དྲ་ཚུགས་བགྲོ་གླེང་ཁང་དང་རིགས་མི་འདྲ་བའི་བགྲོ་གླེང་མཉེན་ཆས་ནང་དབྱིངས་ཚུད་པ་ཞིག་རེད། དེ་ལ་ཡང་དྲ་ཐོག་ཏུ་དགའ་རོགས་སྒྲིག་པར་དབྱིངས་ཞུགས་པ་དང་དྲ་ཐོག་ཏུ་གྲོགས་པོ་སྒྲིག་རྒྱུར་དབྱིངས་ཞུགས་པ་གཉིས་ལ་དབྱེ་ཆོག་ཅིང་། མི་འདི་ཚོའི་ངོས་ནས་བཤད་ན་འཚོ་བའི་ཁྲོད་ཀྱི་གྲོགས་པོ་དང་ཁྱིམ་མི་ལས་དྲ་ཐོག་གི་གྲོགས་པོ་གལ་ཆེ་བ་ཡོད།

གཞོན་ནུ་ལོ་ཆུང་དྲ་དབྱིངས་ཞུགས་པའི་མཚོན་རྟགས་གཙོ་བོ། ✧

དྲ་བར་དབྱིངས་ཚུད་དྲགས་ནས་དྲ་བ་ཚད་ལས་བརྒལ་བར་བེད་སྤྱོད་བྱས་པའི་རྐྱེན་གྱིས་ལུས་སེམས་གཉིས་ཀར་རྒྱུན་གཏན་མིན་པའི་མི་བདེ་བའི་ནད་རྟགས་མངོན་གྱི་ཡོད། གཞོན་ནུ་ལོ་ཆུང་རྣམས་དྲ་བར་དབྱིངས་ཚུད་ཚེ་ལུས་ཁམས་མི་བདེ་བའི་རྐྱེན་གྱིས་སློབ་སྦྱོང་ལ་འཐུས་ཤོར་འགྲོ་བ་མ་ཟད། ད་དུང་སྐྱིད་ལུག་དང་ལེ་ལོ་ཅན་དུ་གྱུར་ནས་རིམ་བཞིན་འཚོ་བའི་ནུས་ཚད་ཇེ་ཞན་དུ་འགྲོ་བ། ཐ་ན་གོམས་གཤིས་ངན་པ་མང་པོ་འཇགས་ནས་མཐུག་འབྲས་ཚབས་ཆེན་ཡོང་གི་ཡོད།

ལོ་བཅུ་གཉིས་ལ་སླེབས་པའི་བུ་ཕེང་ཕེང་སློབ་གྲོགས་དང་མཉམ་དུ་རྩེད་གཉེར་ལག་ཁྱེར་མེད་པའི་དྲ་ཁང་ཞིག་གི་ནང་འགྲོ་བའི་གོ་སྐབས་བྱུང་བ་ནས་བཟུང་དྲ་བའི་ནང་དབྱིངས་ཚུད་ནས། དེ་སྔོན་སློབ་སྦྱོང་ལ་བརྩོན་འགྲུས་ཆེ་བའི་སློབ་མ་ཞིག་ཡིན་ནའང་ད་ཆ་རིམ་བཞིན་སློབ་སྦྱོང་ལ་སེམས་མི་གནས་ལ་སློབ་སྦྱོང་བྱེད་འདོད་མེད་པར་འགྱུར་བ་དང་། དྲ་ཁང་ནང་སླེབས་

སྐབས་དྲུང་ཤ་དོད་པོར་འགྱུར་བ་མ་ཟད་དངུལ་མེད་པའི་སྐབས་དངུལ་བརྐུས་ནས་དྲ་རྩེད་རྩེ་བར་འགྲོ་ཡི་ཡོད་པས། ཕ་མ་གཉིས་ཀྱིས་བཀག་འགོག་བྱས་ཀྱང་ཁ་ལ་ཉན་རྒྱུ་ལྟ་ཞོག །ད་དུང་ཅ་ལག་ཀྱང་བཅག་གཅོག་བྱེད་ཀྱི་ཡོད། དེ་ནས་རིམ་བཞིན་ཕེང་ཕེང་ལ་མགོ་ཡུ་འཁོར་བ་དང་མགོ་ན་བ། གཟུགས་པོ་འདར་སིལ་རྒྱག་པ། ལུས་པོའི་ཟུངས་ཁྲག་ཉམས་པ། ཕོ་རྒྱུའི་ནད་ལ་སོགས་པའི་ནད་གཞི་ཚབས་ཆེན་ཞིག་ཐོག་པ་རེད།

དྲ་དབྱིངས་ཞུགས་པ་འདི་རིགས་ཀྱི་སླད་པའི་ནང་གནས་སྐབས་རིང་སྦྲོ་བ་ཚད་མེད་སྐྱེ་ཐུབ་པའི་ཐུས་འགྱུར་གྱི་དངོས་པོ་ཧ་འོ་པ་ཨན་ཞེས་པ་ཟགས་ཐོན་བྱེད་སྲིད་པས། ཁོ་ཚོ་བག་ཕེབས་ཀྱི་ཚོར་བ་དེར་གོམས་རྗེས་གལ་ཏེ་ཚོར་བ་དེ་དང་ཁ་བྲལ་ན་སེམས་མ་སྐྱིད་པར་གྱུར་ནས། མུར་དུ་དྲ་རྒྱའི་འཛིག་རྟེན་ནང་ལོག་སྟེ་མུ་མཐུད་བག་ཕེབས་ཀྱི་ཚོར་བ་དེ་རིགས་ལ་རོལ་རྒྱུ་བྱུང་ན་སྙམ་གྱི་ཡོད།

དྭ་དབྱིངས་ཞུགས་སླ་བའི་མི།

༡ རང་གཅུན་གྱི་ནུས་པ་ཞན་པའི་མི།

དྭ་དབྱིངས་ཚུད་པའི་མི་ཚང་མས་དེ་ནོར་འཁྲུལ་ཡིན་པ་ཤེས་ཀྱི་ཡོད་ལ། རང་ཉིད་ཀྱང་མུ་མཐུད་དེ་འདྲ་བྱེད་འདོད་མེད། ཡིན་ནའང་དྭ་བར་ཞུགས་མ་ཐག་རང་ཚོད་བཟུང་ཐུབ་ཀྱི་མེད་པ་དེ་རང་གཅུན་གྱི་ནུས་པ་ཞན་པའི་མངོན་སྣང་གཙོ་བོ་དེ་ཡིན། དུས་རྒྱུན་འཚོ་བའི་ཁྲོད་གནམ་ག་བྱེད་དགོས་པའི་དོན་དག་མང་པོ་ཞིག་ཡོད། ཡང་སྙིང་གང་ཞིག་ཡང་དག་པ་དང་གང་ཞིག་ནོར་འཁྲུལ་ཡིན་པ། གང་ཞིག་བྱེད་འོས་པ་དང་གང་ཞིག་བྱེད་མ་འོས་པ་སོགས་ཀྱིས་རང་ཉིད་ཀྱི་མི་ཚེ་འདིར་ཤུགས་རྐྱེན་ཆེན་པོ་ཐེབས་ཀྱི་ཡོད། གལ་ཏེ་མི་ཚེའི་ཁྲོད་ཀྱི་དོན་དག་འདྲ་མིན་སྣ་ཚོགས་རྣམས་སྐབས་བདེར་བཏང་ན། གནམ་ག་ནི་མི་ཚེའི་དོན་ཆེན་ཞིག་ཡིན་ཞིང་། གནམ་ག་ཡང་དག་གི་ཚད་ཇི་ཙམ་མཐོ་ན། ལེགས་གྲུབ་ཀྱི་གོ་སྐབས་ཀྱང་དེ་བས་ཆེ་བ་ཡོད།

༢ ཕམ་ཁ་ཁུར་ནུས་ཞན་པའི་མི།

དུས་རྒྱུན་སྦྱངས་འབྲས་ལེགས་པའི་སློབ་མ་ཁ་ཤས་ཡིག་རྒྱུགས་དང་སློབ་རིམ་འཕར་བའི་བརྒྱུད་རིམ་ནང་སྦྱངས་འབྲས་ཡག་པོ་མ་ཐོབ་ཚེ། སློབ་སྦྱོང་ལ་སེམས་ཤུགས་མེད་པ་ཆགས་ནས་དྭ་བའི་ནང་ཞུགས་འགོ་བཙམས་ཀྱི་ཡོད། གང་ཡིན་ཟེར་ན། མཐར་གཏུགས་ནས་བཤད་ན་ཁོ་ཚོར་སློབ་སྦྱོང་བྱེད་པའི་ལྟ་བ་ཡང་དག་ཅིག་

ཆགས་མེད་ལ་ཕམ་ཁ་ཁུར་ནུས་ཞན་པའི་རྐྱེན་གྱིས་ཡིན།

༣ སློབ་སྦྱོང་གི་སྦྱངས་འབྲས་ཞན་པའི་སློབ་མ།

ཁྱིམ་བདག་དང་དགེ་རྒན་གྱིས་སློབ་མའི་སྦྱངས་འབྲས་དང་ཡིག་རྒྱུགས་ཀྱི་སྐར་གྲངས་ལ་མཐོང་ཆེན་ཆེ་དྲགས་ཀྱི་ཡོད་པས་སྦྱངས་འབྲས་ཞན་པའི་སློབ་མའི་སེམས་ནང་རང་ཉིད་ལ་གྲུབ་འབྲས་མི་ཐོབ་པའི་ཚོར་སྣང་སྐྱེ་ཡི་ཡོད། དེར་བརྟེན། སློབ་སྦྱོང་ལ་གྲུབ་འབྲས་མ་ཐོབ་ཚེ་ཁོ་ཚོས་དོན་དངོས་འཚོ་བར་གཡོལ་ཐབས་བྱེད་ཅིང་། དྲ་རྒྱའི་རོལ་རྩེད་ཁྲོད་རྒྱལ་ཁ་ཐོབ་སླ་བས་འདི་ལྟ་བུའི་གྲུབ་འབྲས་ཐོབ་པའི་ཚོར་སྣང་ནི་དོན་དངོས་འཚོ་བའི་ཁྲོད་ནས་ཐོབ་དཀའ་བ་ཞིག་ཡིན་པའི་རྐྱེན་གྱིས་དྲ་བར་ཞུགས་ཀྱི་ཡོད།

༤ མི་དང་འབྲེལ་འདྲིས་ཡག་པོ་བྱེད་མ་ཤེས་པའི་མི།

ཕན་ཚུན་འབྲེལ་འདྲིས་བྱ་རྒྱུར་དཀའ་པོ་མེད་པའི་མིས་དྲ་བར་བརྟེན་ནས་དོན་དངོས་འཚོ་བ་ལས་གཡོལ་ཐབས་བྱེད་ཀྱི་ཡོད། ལྷག་པར་དུ་སེམས་པ་གུ་དོག་པའི་མི་ལ་ཐག་གཅོད་བྱེད་མི་ཐུབ་པའི་གནས་ཚུལ་འཕྲད་སྐབས། ཁོ་ཚོའི་སེམས་ནང་དྲ་ཐོག་གི་འཚོ་བ་འདི་རང་ཉིད་ལ་དེ་བས་འཚམ་པའི་ཚོར་སྣང་ཞིག་སྐྱེས་ཏེ་དྲ་བར་ཞུགས་འགོ་བརྩམ་གྱི་ཡོད། མི་དེ་ཚོ་དུས་རྒྱུན་འཚོ་བའི་ཁྲོད་སྐད་ཆ་བཤད་རྒྱུར་དཀའ་པོ་མེད་པས། དྲ་ཐོག་ལ་གྲོགས་པོ་སྒྲིག་སྐབས་ཕན་ཚུན་གདོང་ཐུག་མི་དགོས་པ་དེ་ཡང་དྲ་བར་དབྱིངས་ཞུགས་པའི་རྒྱུ་རྐྱེན་ཡིན།

༥ ཁྱིམ་ཚང་འཆམ་མཐུན་མེད་པའི་མི།

ཁྱིམ་ཚང་འཆམ་མཐུན་མེད་པའི་རྐྱེན་གྱིས་མི་ཁ་ཤས་ཀྱི་སེམས་ནང་ཁྱིམ་ཚང་གི་དྲོ་སྐྱིད་ཚོར་དཀའ་བ་དང་དྲ་རྒྱའི་འཇིག་རྟེན་ནང་མི་མང་པོའི་རོགས་རམ་ཐོབ་ནས་སེམས་ནང་དྲོ་སྐྱིད་ཀྱི་ཚོར་སྣང་ཞིག་སྐྱེ་ཡི་ཡོད་པས། རྟོག་བཟོའི་འཇིག་རྟེན་དང་དངོས་ཡོད་འཚོ་བའི་ལྟོག་ཕྱོགས་ཀྱི་ཁྱད་པར་དབང་གིས་ཁོ་ཚོས་རང་ཉིད་ཀྱི་ནུས་ཤུགས་དང་དུས་ཚོད་ཡོད་ཚད་དྲ་བའི་ནང་བེད་སྤྱོད་བྱེད་ཀྱི་ཡོད།

གཞོན་ནུ་ལོ་ཆུང་དུ་དབྱིངས་ཞུགས་པའི་ནད་རྟགས་ཀྱི་མངོན་ཚུལ།

༡ གཞན་བརྟེན་རང་བཞིན་དྲག་པོ་ཡོད་པ།

དྲ་བར་ཞུགས་ནས་དུས་ཚོད་ཡུན་རིང་སོང་རྗེས། དྲ་བ་དང་ཁ་བྲལ་ཐབས་མེད་པར་གྱུར་ཏེ་སེམས་ཀྱི་རྟེན་ས་ལྟ་བུར་གྱུར་གྱི་ཡོད།

༢ སྐྱེ་ཚོགས་ཀྱི་ཕན་ནུས་ཉམས་པ།

གཞོན་ནུ་ལོ་ཆུང་གི་ངོས་ནས་བརྗོད་ན། སྐྱེ་ཚོགས་ཀྱི་ཕན་ནུས་ཆག་པའི་མངོན་ཚུལ་གཙོ་བོ་ནི་དུས་ཐོག་ལ་སློབ་སྦྱོང་གི་ལས་འགན་ལེགས་འགྲུབ་མི་བྱེད་པར། དུས་ཚོད་མང་ཆེ་བ་དྲ་ཐོག་ལ་འཕྲོ་བརླག་བཏང་ནས་ལུས་སེམས་གཉིས་ཀ་དྲ་བའི་འཛིག་རྟེན་ནང་དབྱིངས་ཚུད་པའི་རྐྱེན་གྱིས་ཡིན།

༣ འབྲེལ་འདྲིས་ཀྱི་ནུས་པ་ཉམས་པ།

དེའི་མངོན་ཚུལ་གཙོ་བོ་ནི་དྲ་རྒྱའི་ཐོག་གཞན་དང་འབྲེལ་འདྲིས་བྱེད་པའི་ནུས་པ་ཇེ་ལེགས་སུ་འགྲོ་བ་དང་དོན་དངོས་འཚོ་བའི་ཁྲོད་འབྲེལ་གཏུགས་ཀྱི་ནུས་པ་ཞན་དུ་ཕྱིན་ནས། ཉེ་འཁོར་གྱི་མི་དང་བྱ་དངོས་ཚང་མར་སུན་སྣང་སྐྱེ་ཡི་ཡོད།

༤ བརྩེ་བ་མེད་པར་འགྱུར་བ།

གཞོན་ནུ་ལོ་ཆུང་ཁ་ཤས་དྲ་ཐོག་གི་རྩེད་མོ་ཆ་འཕྲིན་ལ་བལྟས་རྗེས་གཤིས་ཀར་འགྱུར་ལྡོག་ཕྱིན་ནས་སྤུན་མཆེད་དང་གྲོགས་པོ་སོགས་ཀྱི་འབྲེལ་བ་རིམ་བཞིན་རྒྱང་ཐག་རིང་དུ་འགྲོ་ཡི་ཡོད།

༥ བྱ་སྤྱོད་ཚུལ་མིན་ཅན་དུ་འགྱུར་བ།

དུས་ཡུན་རིང་པོར་ཚུལ་མིན་གྱི་ཆ་འཕྲིན་ལ་བལྟས་ན་བསམ་བློ་དང་བྱ་སྤྱོད་ལ་ཤུགས་རྐྱེན་ངན་པ་ཐེབས་པ་མ་ཟད། ཐ་ན་ལུགས་ལས་ལྡོག་པའི་རིན་ཐང་ལྟ་བ་ཁས་ལེན་བྱེད་པའི་

ལྟ་བ་ཡ་མ་གཟུགས་ཤིག་སྐྱེད་སྲིང་བྱེད་སྲིད།

༤ རྣལ་མིན་གྱི་བསམ་པ་སྐྱེ་བ།

དེའི་མངོན་ཚུལ་གཙོ་བོ་ནི་བློ་འཕྲུལ་ནས་རང་ཉིད་ཀྱི་སེམས་དང་རྣམ་འགྱུར་སོགས་རང་གཅུན་མ་ཐུབ་པར། དངོས་ཡོད་གནས་ཚུལ་ལ་འཁྲུག་བཤད་བྱེད་པའམ་ཡང་ན་དོན་དངོས་དང་མི་མཐུན་པའི་སྤྱོད་ཚུལ་འཛིན་པ་སོགས་བྱེད།

ཐ་དབྱིངས་འགོག་པའི་བསམ་འཆར།

༡ ལུས་རྩལ་སྦྱོང་བརྡར་བྱེད་དགོས།

ལུས་པོའི་འགུལ་སྐྱོད་ལ་བརྟེན་ནས་བསམ་བློར་འགྱུར་ལྡོག་གཏོང་དགོས། ཞོགས་པ་གཉིད་སད་རྗེས་དྲ་རྒྱའི་འཚོ་བ་བསམ་བློ་འཁོར་ཆེ་ཕྱི་ལ་ཕྱིན་ནས་རྒྱུག་ཤར་སློད་དེ་རྟུལ་ཚུ་དོན་དུ་འཇུག་དགོས། དེ་ལྟར་བྱས་ན་སེམས་ལྷོད་ལ་བབས་ཏེ་སྣང་བ་སྐྱིད་པོ་ཡོང་གི་ཡོད།

༢ ཕྱི་དང་འབྲེལ་བ་མང་ཙམ་བྱེད་དགོས།

རང་འགུལ་གྱིས་མི་གཞན་དང་འབྲེལ་བ་མང་ཙམ་བྱས་ཏེ་གྲོགས་པོ་སྒྲིག་པ་དང་ཁོ་ཚོའི་ལེགས་ཆ་ལེན་དགོས། གལ་སྲིད་འཚོ་བའི་ཁྲོད་རང་ཉིད་ལ་སོ་སོའི་དགའ་ཕྱོགས་དང་སེམས་

བརྙེན་སའི་གློག་ཚོགས་ཤིག་ཡོད་ཚེ་དྲ་བར་སྣང་བ་དེ་ཙམ་ཡོང་མི་སྲིད།

༣ དོན་སྙིང་ལྡན་པའི་གློག་བརྙན་མང་ཙམ་བལྟ་དགོས།

སྤྱིར་གློག་བརྙན་ཁང་ནང་སྟོན་པའི་གློག་བརྙན་ཚང་མ་ཞིབ་འདེམས་བྱས་པའི་སློབ་གསོའི་དོན་སྙིང་ལྡན་པ་དང་མཛེས་དཔྱོད་ཀྱི་རིན་ཐང་ཡོད་པའི་གློག་བརྙན་ཤ་སྟག་ཡིན། དེར་སྤྱི་ཚོགས་ཡོངས་ཀྱི་ཁས་ལེན་ཐོབ་ཅིང་། རིན་ཐང་གི་ལྟ་བ་དང་གཞུང་དྲང་བརྒྱུད་བསྒྲགས་བྱེད་ཀྱི་ཡོད་པས། ཚུལ་མིན་གྱི་དྲ་རྒྱའི་ཆ་འཕྲིན་གྱིས་མིའི་སེམས་ཁམས་ལ་ཤུགས་རྐྱེན་ངན་པ་བཟོ་བར་བཀག་འགོག་བྱེད་ཐུབ་ཀྱི་ཡོད།

ལེའུ་གཉིས་པ།

གཞོན་ནུ་ལོ་ཆུང་དུ་བར་དབྱིངས་ཞུགས་པའི་རྒྱུ་རྐྱེན།

གཞོན་ནུ་ལོ་ཆུང་དྲ་བར་དབྱིངས་ཞུགས་པར་རྒྱུ་རྐྱེན་འདྲ་མིན་སྣ་ཚོགས་ཡོད་ཅིང་། དེའང་སོ་སོའི་ལུས་ཁམས་དང་སེམས་ཁམས། སྤྱི་ཚོགས། སློབ་གྲྭ། ཁྱིམ་ཚང་། དེ་བཞིན་དྲ་བ་ལ་སོགས་མང་པོ་ཞིག་ཕན་ཚུན་ཤུགས་རྐྱེན་ཐེབས་པའི་འབྲས་བུ་ཡིན། དེའི་ནང་ནས་ལུས་ཁམས་དང་སེམས་ཁམས་གཉིས་ནི་ནང་དོན་གྱི་རྒྱུ་རྐྱེན་དང་། སྤྱི་ཚོགས་དང་སློབ་གྲྭ། ཁྱིམ་ཚང་སོགས་ནི་ཕྱིའི་རྒྱུ་རྐྱེན་ཡིན།

ལུས་ཁམས་ཀྱི་རྒྱུ་རྐྱེན་ལས་དྲ་བར་དབྱིངས་ཞུགས་པའི་གནོད་འཚེ།

དུས་ཡུན་རིང་པོར་དྲ་ཐོག་ནས་རྩེད་མོ་ཁྱིམ་གྱི་ཆ་འཕྲིན་བལྟས་པ་ལས། དུས་ཚོད་དང་ནུས་ཤུགས་འཛད་བརྡུག་འགྲོ་བ་ཙམ་མ་ཟད་སློབ་སྦྱོང་ལ་སེམས་གནས་མི་ཐུབ་པས། སྦྱངས་འབྲས་ཞན་དུ་འགྲོ་ལ། དྲ་རྒྱའི་རྩེད་མོ་ཆ་འཕྲིན་ལྟ་འདོད་ཆེ་དྲགས་ན་ཧ་གོམས་གཤིས་ངན་པ་འཇགས་ནས་འཚར་ལོངས་ལ་སྐྱོན་བྱེད་པ་དང་། དྲ་བའི་བསླུ་བྲིད་འོག་བྱ་ཐབས་གཞན་ལ་བརྟེན་ནས་དངུལ་གྲབས་གསོག་བྱས་ཏེ་དྲ་བར་ཞུགས་པ་སྟེ། མི་གཞན་ལ་མགོ་སྐོར་དང་རྐུ་རྒྱག་པ་སོགས་ཁྲིམས་འགལ་གྱི་བྱ་སྤྱོད་སྤེལ་བ། ལང་ཚོ་དར་ལ་བབས་པའི་གཞོན་ནུ་ལོ་ཆུང་ཚོས་བུད་མེད་ལ་བརྙས་ཐབས་བྱེད་པའམ་བཙན་གནོད་བྱེད་པ། ཐ་ན་ཁྲིམས་འགལ་གྱི་ལམ་བུའི་ཐོག་བསྐྱོད་པ་སོགས་ཀྱི་གནས་ཚུལ་ཡང་ཐོན་སྲིད།

ལོ་༡༥ལ་སླེབས་པའི་ཧུང་ཧུང་ནི་དམའ་རིམ་སློབ་འབྲིང་གི་སློབ་མ་ཞིག་ཡིན། དུས་རྒྱུན་སློབ་སྦྱོང་གི་སྦྱངས་འབྲས་ཅུང་ཡག་པོ་ཡོད་ཅིང་འཛིན་གྲྭའི་ནང་ནས་ཨང་༢༠ཡན་སླེབས་ཀྱི་ཡོད། འོན་ཀྱང་ཉེ་ཆར་སློབ་སྦྱོང་གི་སྦྱངས་འབྲས་ཞན་དུ་ཕྱིན་པ་མ་ཟད་ད་དུང་རྟག་ཏུ་ནང་ནས་འཚོ་བའི་གྲོན་དངུལ་ལེན་གྱི་ཡོད། ཁོའི་གཙིན་པོས་རྩད་ཞིབ་བྱེད་སྐབས་ཧུང་ཧུང་གིས་དྲ་བའི་ཐོག་ནས་ཁྲིའུ་ཁྲིའུ་(QQ)ཚོགས་པ་མང་པོའི་ནང་དུ་ཆགས་སྲིད་ཀྱི་ཐད་གཏོང་བལྟས་པ་མ་ཟད། ཐད་གཏོང་བྱེད་མཁན་མང་པོར་ཟན་པ་སྤྲད་ནས་ཟླ་བ་གཅིག་ལྷག་ཙམ་ནང་སྒོར་སྟོང་ཕྲག་ཁ་ཤས་སྤྲད་པ་ཤེས་རྟོགས་བྱུང་། ཁོའི་གཙིན་པོ་ཁོང་ཁྲོ་ལངས་ནས་ཚོགས་པའི་ནང་བསྒྲུར་བའི་ཡི་གེ་རྣམས་པར་བརྒྱབ་ནས་ཉར་ཚགས་བྱས་པ་དང་། ཆེད་མངགས་PPTབཟོས་ནས་སྤྱི་ཚོགས་ཐོག་ཁྱབ་བསྒྲགས་

བྱས་པ་མ་ཟད། བློ་ཕམ་དང་བཤད་དོན"ཡང་སྙིང་སྤྱི་ཚོགས་སྟེང་མ་རབས་ཐ་ཤལ་དེ་ལྟ་བུའི་བྱ་སྤྱོད་འདི་རིགས་ལ་བཟོད་སྒོམ་བྱེད་ཐུབ་བམ"ཞེས་བརྗོད།

ཚགས་པར་ཁང་ཞིག་གི་གསར་འགོད་པས་གནད་དོན་དེའི་ཆེད་དུ་ཧུང་ཧུང་གི་གཅེན་པོར་ཆེད་མངགས་བཅར་འདྲི་བྱས་པ་མ་ཟད། ཧུང་ཧུང་གི་སློབ་སྦྱོང་ལ་འཕྲུམ་ཤོར་སོང་བའི་རྒྱུ་མཚན་སོགས་དོན་དངོས་ཀྱི་གནས་ཚུལ་རྣམས་ཐང་ཤུན་ཀུང་སིར་སྙན་ཞུ་བྱས། ཁྲིམས་སུ་རྒྱལ་ཁབ་ནས་གནད་དོན་འདི་དང་འབྲེལ་བ་ཡོད་པའི་QQཚོགས་པ་༧༨དང་འབྲེལ་ཡོད་ཚོགས་གཙོ་དང་དོ་དམ་པའི་ཨང་གྲངས་༣༧ཙད་གཅོད་བཏང་ནས་མེད་པ་བཟོས་པ་རེད། དེ་ནས་ཟླ་བ་ཁ་ཤས་རྗེས་ལ་ཧུང་ཧུང་གི་གཅེན་པོས་ཡང་བསྐྱར་གསར་འགོད་པའི་བཅར་འདྲི་དང་ལེན་བྱས་ནས། ཁོང་གིས་ད་ལྟ་མ་གཞི་ཧུང་ཧུང་གི་QQཨང་གྲངས་ལ་དོ་དམ་བྱས་ཡོད་ཀྱང་ཁོ་དྲ་བར་དབྱིངས་ཚུད་པ་དེ་ད་དུང་ཡོངས་སུ་བཅོས་ཐུབ་ཀྱི་མི་འདུག་ཅེས་བཤད།

གཞོན་ནུ་ལོ་ཚུང་དྲ་བར་དབྱིངས་ཞུགས་པའི་སེམས་ཁམས་ཀྱི་རྒྱུ་རྐྱེན།

གཞོན་ནུའི་དུས་ནི་མིའི་སེམས་ཁམས་ཀྱི་འགྱུར་ལྡོག་རྙོག་དྲ་ཚ་ཤོས་དང་འགྱུར་ལྡོག་འགྲོ་མགྱོགས་ཤོས་ཀྱི་དུས་སྐབས་ཤིག་ཡིན། ནར་སོན་པ་དང་བསྟུན་གཞོན་ནུ་ཚོའི་གཟུགས་པོ་ཉིན་རེ་བཞིན་མ་བཟུང་པར་འཚར་លོངས་ཡོང་བ་དང་སེམས་ཁམས་ལའང་རིམ་བཞིན་འགྱུར་ལྡོག་ཕྱིན་ནས་རང་བདག་གི་འདུ་ཤེས་དེ་བས་ཤུགས་ཆེ་རུ་འགྲོ་བ་དང་། ཕོ་ཚོས་རང་ཉིད་ལ་ལེགས་ཉེས་དབྱེ་འབྱེད་ཐུབ་པའི་ནུས་པ་ཡོད་སྙམ་ནས་རང་དབང་ལ་རེ་སྨོན་དང་ཕ་མའི་ཁ་ལ་མི་ཉན་པ་སོགས་བྱེད་ཀྱི་ཡོད་པ་མ་ཟད། དྲ་ཐོག་གི་བྱ་དངོས་གསར་པ་དེ་ཚོར་ཤེས་འདོད་ཀྱི་འདོད་པ་དེ་བས་ཆེ་རུ་འགྲོ་ཡི་ཡོད།

ད་ལྟ་དམའ་འབྲིང་ལོ་རིམ་གསུམ་པ་འགྲིམ་བཞིན་པའི་ཡུ་ཡུ་ཡི་ནང་ལ་སྤུ་གུ་རང་ཁོ་ན་ལས་མེད་ཁར། དུས་རྒྱུན་སློབ་སྦྱོང་གི་གནོན་ཤུགས་ཆེ་ཞིང་། སེམས་ནང་གི་སྐད་ཆ་བཤད་སའི་གཅེན་གཅུང་གཅིག་ཀྱང་མེད། ཉིན་ཞིག་ཁོ་མོར་དྲ་བ་བེད་སྤྱོད་བྱེད་པའི་གོ་སྐབས་བྱུང་བ་དང་སྦྲགས། དྲ་ཐོག་གི་བརྩམས་སྒྲུང་བལྟ་རྒྱུར་དབྱིངས་ཚུད་ནས་ཧྲག་པར་དགོང་མོའི་ཆུ་ཚོད་གསུམ་པ་བར་བལྟས་ནས་སྡོད་ཀྱི་ཡོད། དེ་ནས་ཁོ་མོས་དྲ་ཐོག

ནས་གནས་ཚུལ་མང་པོ་ཤེས་རྟོགས་བྱུང་བས་ངལ་གསོའི་དུས་སུ་ཉིན་གང་ནང་ལ་ལག་ཐོགས་ཁ་པར་རྩེད་ནས་སྡོད་ཀྱི་ཡོད། དོན་དངོས་ཐོག་ཕྱ་ཕྱ་ཡིས་སློབ་སྦྱོང་བྱ་རྒྱུ་དེ་གལ་ཆེན་ཡིན་པ་ཤེས་ཀྱི་ཡོད་ནའང་རང་ཚོད་ཟིན་མ་ཐུབ་རྐྱེན་དུས་ཚོད་བྱུང་ཚད་ཁ་པར་ལ་མགོ་འཁོར་འདོད་བྱེད་ཀྱི་ཡོད། དེ་ལྟར་གོ་མེད་ཚོར་མེད་ངང་ལོ་ཕྱེད་སོང་ཡང་། ཕྱ་ཕྱ་ནི་རྟག་པར་སྦྱོང་ཚན་ཁྲིམས་ཚར་རྗེས་སློབ་སྦྱོང་བྱེད་འདོད་རྩ་བ་ནས་མེད་པར་དྲ་ཞུགས་ཁོ་ན་བསམ་ནས་སྡོད་ཀྱི་ཡོད།

༣ དྲ་དབྱིངས་ཞུགས་པའི་སེམས་ཁམས་ཀྱི་རྒྱུ་རྐྱེན།

༡ ཡི་མུག་གི་འདུ་ཤེས།

གཞོན་ནུ་ལོ་ཆུང་ཚོར་ན་མཉམ་གྱི་གཞོན་ནུ་གཞན་དང་གྲོགས་པོ་སྒྲིག་པའི་འདུ་ཤེས་ཟབ་མོ་ཡོད་དེ། དེས་སེམས་ནང་གི་རྗོག་ཁྲེས་ཡང་དུ་གཏོང་ཐུབ། ཡིན་ནའང་ད་ལྟའི་སློབ་གྲྭ་འབྲིང་ཆུང་གི་སློབ་མ་མང་ཆེ་བའི་ཁྱིམ་ལ་ཕྲུ་གུ་གཅིག་ལས་མེད་པས་སེམས་ནང་དུ་ཡི་མུག་གི་ཚོར་སྣང་དྲག་པོ་ཡོང་གི་ཡོད། ཆབས་ཅིག་སློབ་སྦྱོང་ཐད་དཀའ་ལས་ཆེན་པོ་ཡོད་པས་སེམས་ནང་གི་སྡུག་བསྔལ་དེ་ཚོ་ཕྱིར་བཤད་འདོད་ཀྱང་བཤད་ས་མེད་པར་བརྟེན་སྣང་བ་དྲ་ཐོག་ལ་བཞག་ནས་རང་ཉིད་ལ་སེམས་གསོ་ཐོབ་ཐབས་བྱེད་ཀྱི་ཡོད།

༢ གཡོལ་ཐབས་ཀྱི་འདུ་ཤེས།

གཞོན་ནུ་ལོ་ཆུང་ཚོའི་སེམས་ཁམས་ཡོངས་སུ་མ་སྨིན་པའི་རྐྱེན་གྱིས། དོན་དངོས་འཚོ་བའི་ཁྲོད་གེགས་བར་འཕྲད་སྐབས་སེམས་ནང་བློ་ཕམ་དང་ཕོག་ཐུག་ཆེན་པོ་བྱུང་ནས་གནས་ཚུལ་དེ་ཚོར་གཡོལ་ཐབས་བྱས་ཏེ། རྟོག་བཟོའི་དྲ་རྒྱའི་འཚོ་བར་རོལ་གྱི་ཡོད། དྲ་བའི་ཐོག་སུས་ཀྱང་རང་ཉིད་སུ་ཡིན་མིན་མི་ཤེས་ལ་རང་གི་གང་འདོད་ལྟར་སྒྲུབ་པར་ཚུད་རང་དབང་ཆེ་བས། དེ་ཡང་ཁོ་ཚོ་དྲ་རྒྱར་དབྱིངས་ཞུགས་པའི་རྒྱུ་རྐྱེན་ཞིག་ཡིན།

༣ ཡ་མཚན་གྱི་འདུ་ཤེས།

གཞོན་ནུ་ལོ་ཆུང་ལ་ཡ་མཚན་གྱི་ཚོར་འདུ་དྲག་པོ་ཡོད་པ་མ་ཟད་བྱ་དངོས་གསར་པར་ཁས་ལེན་དང་དང་ལེན་བྱེད་པའི་ནུས་པ་ཧ་ཅང་ཆེན་པོ་ཡོད། དྲ་རྒྱ་ནི་ཤེས་བྱ་གསར་པ་དང་བྱ་དངོས་གསར་པ། དེ་བཞིན་གནས་ཚུལ་གསར་པ་བཅས་ལམ་སེང་ཤེས་རྟོགས་ཐུབ་སའི་གནས་ཤིག་ཡིན་པ་དེ། ཁོ་ཚོའི་སེམས་ཁམས་ཀྱི་དགོས་མཁོ་དང་མཐུན་གྱི་ཡོད།

༤ ཕན་ཚུན་བསྡུར་རེས་ཀྱི་འདུ་ཤེས།

གཞོན་ནུ་ལོ་ཆུང་གི་སེམས་ཁམས་ཡོངས་སུ་སྨིན་མེད་པས། ལེགས་ཉེས་དབྱེ་འབྱེད་བྱེད་ནུས་ཆེན་པོ་མེད་ཁར། རང་གཙུག་གི་ནུས་པ་ཡང་ཞན་ཙམ་ཡོད་པས། དྲ་རྒྱས་ཏག་ཏག་ཁོ་ཚོའི་ང་རྒྱལ་གྱི་སེམས་ལ་ཚ་རྐྱེན་བསྐྱུན་ནས་གང་འདོད་ལྟར་བྱེད་བསམ་པའི་འདོད་བློ་སློང་བཞིན་ཡོད།

བྲ་དབྱིངས་ཞུགས་པའི་སྤྱི་ཚོགས་ཀྱི་རྒྱུ་རྐྱེན།

༡ རྩེད་གཉེར་ལག་ཁྱེར་མེད་པའི་བྲ་ཁང་།

རྩེད་གཉེར་ལག་ཁྱེར་མེད་པའི་བྲ་ཁང་ཞེས་པ་ནི་རྒྱལ་ཁབ་ཀྱི་འབྲེལ་ཡོད་ཚན་པའི་ཆོག་མཆན་མེད་པར་སྒྲིག་ཏུ་བཙུགས་པའི་བྲ་ཁང་ལ་ཟེར། བྲ་ཁང་དེ་རིགས་སྒྲིར་གཙང་སྦྲ་ཞན་ཞིང་ཁོར་ཡུག་ཡག་པོ་མེད་ཁར། ཁྲིམས་འགལ་དང་ནར་མ་སོན་པའི་གཞོན་ནུ་ལོ་ཆུང་བྲ་ཁང་ནང་གཏོང་བ་མ་ཟད། ཁོ་ཚོའི་སེམས་བསླུ་བའི་ཆེད་དུ་རྩུབ་མིན་གྱི་ཆ་འཕྲིན་འདྲ་མིན་བརྒྱ་ཏུ་འཇུག་གི་ཡོད།

༢ བྲ་རྒྱའི་རོལ་རྩེད་ཀྱི་རྩེད་པ།

རྩེད་པ་མི་ཉུང་བ་ཞིག་གིས་དཔྱལ་གསོག་པའི་དམིགས་ཡུལ་དེ་འགྲུབ་ཆེད་ནར་མ་སོན་པའི་གཞོན་ནུར་དམིགས་ནས་རྩུབ་མིན་གྱི་རྩེད་གཉེར་བྱ་ཐབས་སྤྱོད་ཀྱི་ཡོད་དེ། ཁོ་ཚོས་དགའ་པོ་བྱེད་པའི་རོལ་རྩེད་དང་མཉེན་ཆས་སོགས་མང་པོ་བཟོས་ཏེ་སེམས་བསླུ་ཐབས་བྱེད་ཀྱི་ཡོད་པས། ནར་མ་སོན་པའི་ཕྲུ་གུ་མང་པོ་ཞིག་དེའི་ནང་དབྱིངས་ཚུད་དེ་རང་ཚུགས་ཟིན་མ་ཐུབ་པར་འགྱུར་གྱི་ཡོད།

༣ སྤྱི་ཚོགས་ཀྱི་བྱ་སྤྱོད།

མི་རྒན་པས་དགའ་པོ་བྱེད་པའི་དོན་དེ་ཚོར་ཕྲུ་གུའི་བློ་ངོར་ཚོད་ལྟ་དང་ལད་མོ་བྱེད་པའི་འདུན་པ་དྲག་པོ་ཡོད་ངེས། ད་ལྟའི་སྤྱི་ཚོགས་ཁྲོད་ཁྱིམ་བདག་ཁ་ཤས་དྲ་ཐོག་གི་རོལ་རྩེད་སྣ་ཚོགས་ལ་མགོ་འཁོར་ནས་སྡོད་ཀྱི་ཡོད་པས་ཕྲུ་གུ་ཚོས་ཀྱང་དེར་ལད་ཟློས་བྱེད་ཀྱི་ཡོད།

དྲ་བར་དབྱིངས་ཞུགས་པའི་སློབ་གྲྭའི་རྒྱུ་རྐྱེན།

༡ སློབ་གསོ་རྣམ་པ་ཅན་དུ་འགྱུར་བ།

སློབ་གྲྭས་སློག་ཀླད་དང་དྲ་རྒྱའི་སློབ་གསོར་མཐོང་ཆེན་བྱེད་ཤུགས་མི་འདང་བས་སློབ་གསོ་རྣམ་པ་ཅན་དུ་འགྱུར་ནས་སློབ་མར་ཚན་རིག་དང་མཐུན་པའི་དྲ་རྒྱའི་ཤེས་བྱ་སློབ་ཁྲིད་བྱེད་པའི་ནུས་པ་ཡག་པོ་ཐོན་མེད་ཅིང་། ཀུན་སྤྱོད་གསོ་སྐྱོང་ནི་སློབ་གསོ་སློབ་ཁྲིད་ལ་བརྟེན་དགོས་ཀྱང་། སློབ་མས་དེ་དང་ལེན་བྱེད་པར་སྤྲོ་བ་མེད།

༢ སེམས་ཁམས་སློབ་གསོ་ཡག་པོ་རྒྱག་ཐུབ་མེད་པ།

སེམས་ཁམས་སློབ་གསོ་ཞེས་པ་ནི་ཁེར་རྐྱང་དང་དམིགས་བསལ་གྱི་སློབ་གསོའི་རྣམ་པ་ཞིག་ཡིན། འཛིན་གྲྭ་གཅིག་ནང་སློབ་མ་བཅུ་ཕྲག་ཡོད་པས་འཛིན་གྲྭའི་ཀྲུའུ་རེན་དང་ཡང་ན་ཟུར་ཁྲིད་དགེ་རྒན་གྱིས་སློབ་མ་ཚང་མར་རྒྱུས་ལོན་མ་བྱུང་བ་དང་། སེམས་ཁམས་སློབ་གསོའི་མཐུན་རྐྱེན་སྐྲུན་ཐུབ་མེད་པ་དེའང་དྲ་དབྱིངས་ཞུགས་པའི་སློབ་མ་དེ་ཚོར་དུས་ཐོག་ཏུ་དོ་ཁུར་དང་ཁྲིད་སྟོན་བྱེད་མི་ཐུབ་པའི་རྒྱུ་རྐྱེན་དེ་ཡིན།

༣ སློབ་སྦྱོང་གི་ཁོར་ཡུག་ཡག་པོ་མེད་པ།

སློབ་གྲྭའི་སློབ་སྦྱོང་གི་རྣམ་པ་དང་ཁོར་ཡུག་ཡག་པོ་མེད་པས། སློབ་གྲོགས་ཕན་ཚུན་དབར་ཤུགས་རྐྱེན་ཐེབས་ནས་མཉམ་དུ་དྲ་ཐོག་གི་རྩེད་ལ་དབྱིངས་ཞུགས་པའི་གནས་ཚུལ་ཐོན་གྱི་ཡོད།

༥ སློབ་སྦྱོང་གི་གནོད་ཤུགས་ཆེ་བ།

སློབ་གྲྭའི་ནང་སློབ་སྦྱོང་གི་གནོད་ཤུགས་ཆེ་བས། སློབ་མ་མི་ཉུང་བ་ཞིག་སློབ་སྦྱོང་ལ་ཞེན་པ་ལོག་སྟེ་གཡོལ་ཐབས་བྱེད་པའམ་ལྡོག་ཕྱོགས་ཀྱི་བསམ་ཚུལ་བྱུང་སྟེ། དྲ་རྒྱར་དབྱིངས་ཚུད་ཀྱི་ཡོད།

དྲ་བར་དབྱིངས་ཞུགས་པའི་ཁྲིམ་ཚང་གི་རྒྱུ་རྐྱེན།

ཕྲུ་གུས་ཕ་མའི་བྱམས་བརྩེ་དང་བརྩེ་དུང་མ་ཚོར་བའི་དབང་གིས་དྲ་ཐོག་ནས་ཕ་མའི་བརྩེ་བ་ཐོབ་པའི་རེ་བ་བྱེད་པ་དང་། ཕ་མས་ཕྲུ་གུར་བྱམས་དྲགས་པས་ཕྲུ་གུ་དྲ་བར་ཞུགས་པར་ཐེ་ཇུས་མི་བྱེད་པ། ཕྲུ་གུ་གཙུན་དྲགས་པས་བཟོད་མ་ཐུབ་པར་དྲ་རྒྱར་རོལ་ནས་སེམས་ལྷོད་ལ་ཕབ་ཐབས་བྱེད་པ། ཕ་མ་གཉིས་ཀ་དྲ་བའི་ནང་དབྱིངས་ཞུགས་ནས་ཕྲུ་གུར་ཐེ་ཇུས་མི་བྱེད་པ་བཅས་སོ།།

དྲ་བར་དབྱིངས་ཞུགས་པའི་དྲ་བའི་རྒྱུ་རྐྱེན།

༡ དྲ་རྒྱའི་ཐད་གཏོང་ཁང་།

འཚོ་བའི་ཁྲིད་བར་ཆད་འཕྲད་པའམ་ཡང་ན་སློབ་སྦྱོང་གི་ཁུར་པོ་ལྕིད་དྲགས་པའི་སློབ་མའི་ངོས་ནས་བཤད་ན། དྲ་རྒྱའི་ཐད་གཏོང་ཁང་གིས་ཁོ་ཚོར་གང་བསམ་ལྷུག་གློད་བྱེད་པའི་གོ་སྐབས་བསྐྲུན་པ་གང་ཞིག །གཞོན་ནུ་ལོ་ཆུང་རང་ཉིད་ལའང་ཕྱི་རོལ་དང་རང་མོས་འབྲེལ་གཏུག་དང་། འདྲ་མཉམ་སྤེལ་རེས་བྱེད་འདོད་ཀྱི་བསམ་བློ་ཡོད་རྐྱེན་དྲ་རྒྱའི་ཐད་གཏོང་ནང་དབྱིངས་དེ་བས་ཞུགས་སླ་བོ།།

༢ དྲ་རྒྱའི་རོལ་རྩེད།

དྲ་རྒྱའི་རོལ་རྩེད་ཀྱིས་དངོས་ཡོད་འཚོ་བའི་ནང་གི་དམིགས་ཡུལ་མེད་པའི་གཞོན་ནུ་དེ་ཚོར་དམིགས་ཡུལ་གྲུབ་པའི་གོ་སྐབས་སྐྲུན་གྱི་ཡོད་པས། ཕྲུ་གུ་དེ་ཚོའི་གྲུབ་འབྲས་ཐོབ་འདོད་

ཀྱི་དགོས་མཁོ་སྐོང་བཞིན་ཡོད།

༣ དྲ་ཐོག་གི་བརྩམས་སྒྲུང་།

རྩོམ་རིག་ལ་དགའ་བ་དང་བསམ་སྤྱོད་བཟང་པོར་བརྩོན་གཉེར་བྱེད་པའི་རྩོམ་པ་པོ་མི་ཉུང་བ་ཞིག་གིས། ང་ཚོར་ཕུན་སུམ་ཚོགས་པའི་བསམ་པའི་རྒྱུགས་ཕྱི་མགོ་འདྲེན་གནང་ཡོད་པ་ནི་དངོས་ཡོད་གནས་ཚུལ་ཞིག་རེད། ཡིན་ནའང་། དེ་དང་འབྲེལ་དྲ་ཐོག་གི་རྩོམ་པ་པོ་མི་ཉུང་བ་ཞིག་གིས་སོ་སོ་རང་ཉིད་ཀྱི་ཁེ་ཕན་གྱི་ཆེད་དུ། སྒྱུ་འཕྲུལ་ཅན་གྱི་སྒྲུང་གཏམ་ལ་བརྟེན་ནས་མི་གཞན་གྱི་སེམས་པ་བསླུ་ཐབས་བྱེད་ཀྱི་ཡོད། དེ་ལྟ་བུའི་སྒྲིག་གཞི་ཐར་ཐོར་དང་། ནང་དོན་ཚུལ་མིན་གྱི་སྒྲུང་གཏམ་དེ་རིགས་ཀྱིས་གཞོན་ནུ་ལོ་ཆུང་ཚོའི་མཛེས་དཔྱོད་ཀྱི་ལྟ་བར་ཤུགས་རྐྱེན་ངན་པ་བཟོ་སྲིད་ལ། ཁོ་ཚོའི་དུས་ཚོད་འཕྲོ་བརླག་ཙམ་ཟད་ལུས་ཟུངས་ཀྱང་ཟད་པར་བྱེད།

༤ དྲ་རྒྱའི་ཆགས་སྲིད།

དགེ་རྒན་དང་ཁྱིམ་བདག་མང་པོས་ལྷ་གུར་ཆགས་སྲིད་ཐད་སློབ་གསོ་ཡག་པོ་མ་བརྒྱབ་པ་དང་ཐ་ན་དེའི་སྐོར་གྱི་ཤེས་བྱར་གཡོལ་ཐབས་བྱེད་ཀྱི་ཡོད་པས། ལྷ་གུ་ཚོ་གནད་དོན་དེར་དེ་བས་ཡ་མཚན་གྱི་བསམ་པ་སྐྱེས་ནས་དྲ་ཐོག་ནས་དེའི་སྐོར་བཙལ་ཏེ་མཐར་ལོག་ལམ་དུ་འགྲོ་ཡི་ཡོད།

ལེའུ་གསུམ་པ།

ཐ་དབྱིངས་ཞུགས་པའི་གཙོད་འཚེ།

དྲ་དབྱིངས་ཀྱིས་གཞོན་ནུ་ལོ་ཆུང་གི་ལུས་སེམས་བདེ་ཐང་ལ་རྒྱུན་ཆད་མེད་པར་གནོད་འཚེ་བཟོ་བ་མ་ཟད། དེའི་རྐྱེན་གྱིས་སློབ་ཐོལ་དང་ཁྱིམ་ལས་ཐོལ་བ། གློ་བུར་དུ་དྲ་ཁང་ནང་དུ་ཤི་བ། འཁྲུག་བཙོམ་དང་རྐུ་རྒྱུག་པ་སོགས་བྱས་ནས་ཁྲིམས་འགལ་གྱི་ལམ་དུ་ཤོར་བའི་གནད་དོན་ཡང་ཡང་ཐོན་གྱི་ཡོད་པས་མི་སྒེར་དང་ཁྱིམ་ཚང་། སྤྱི་ཚོགས་བཅས་ལ་གནོད་འཚེ་ཚབས་ཆེན་བཟོ་ཡི་ཡོད།

དྲ་དབྱིངས་ཀྱིས་སློབ་གྲྭ་འབྲིང་ཆུང་གི་སློབ་མར་བཟོས་པའི་གནོད་འཚེ།

༡ ལུས་ཁམས་ཀྱི་ཐད།

དྲ་ཞུགས་ཡུན་རིང་བྱས་ཚེ་མིག་ཤེད་ཉམས་པ་དང་སེམས་མི་སྐྱིད་པ། གཉིད་ཐེབས་གཙོག་པ། འཛིང་པ་དང་སྟོད་སྐལ་ལ་ན་ཚ་བཟོ་བ། དེ་བཞིན་ཟས་ལ་དང་ཁ་མེད་པ་དང་ཟས་འཇུ་དཀའ་བ། ལུས་པོའི་རིམས་འགོག་ནུས་པ་ཉམས་པ་སོགས་བྱེད་སྲིད། ཡང་དྲ་དབྱིངས་ཞུགས་མི་ཁ་ཤས་གློ་བུར་དུ་དྲ་ཞུགས་བྱེད་མཚམས་བཞག་ཚེ། མགོ་ན་བ་དང་གཉིད་མི་ཁུག་པ། བློ་རྩེ་གཅིག་ཏུ་སྒྲིམ་མ་ཐུབ་པ། གཟུགས་པོའི་ཤ་སྐམ་པ་ལ་སོགས་པའི་སྣང་ཚུལ་ཐོན་སྲིད། དྲ་ཞུགས་བྱེད་ཡུན་རིང་དྲགས་ན་མིའི་བསམ་བློ་ཡུན་རིང་ངར་སློང་གི་རྣམ་པར་གནས་ཤིང་། དེས་ལུས་

ཁམས་ཀྱི་བདེ་ཐང་ལ་གནོད་པ་ཆེན་པོ་བཟོ་བ་སྟེ། དཔེར་ན། དབང་རྩའི་བྱེད་ནུས་འཁྲུག་པ་སོགས་ཀྱི་རྐྱེན་པས་སྲོག་རླུང་ནད་དང་དེ་བཞིན་སྙིང་དང་ཁྲག་རྩའི་ནད་རིགས་སོགས་སློང་གི་ཡོད།

༢ སེམས་ཁམས་ཀྱི་ཐད།

སློབ་གྲྭ་འབྲིང་ཆུང་གི་སློབ་མས་ཡུན་རིང་དུ་ཞུགས་བྱས་ཚེ། བསམ་པ་གུ་དོག་པ་གྱུར་ནས་མི་གཞན་དང་འབྲེལ་འདྲིས་བྱེད་མི་འདོད་པར་གྱུར་ལ། དེ་ལྟར་དུས་ཡུན་རིང་པོ་སོང་ཚེ། སློབ་མའི་རྒྱུན་གཏན་གྱི་སེམས་ཁམས་དང་། བརྩེ་དུང་། གོ་རྟོགས་ལ་སོགས་པར་གནོད་འཚེ་བཟོ་བ་མ་ཟད། ཐ་ན་གཉིས་ཀ་ལ་འདང་འགྱུར་བ་ཐེབས་སྲིད། དེའང་ཐ་དབྱིངས་ཞུགས་མཁན་འདི་དག་གིས་ཐ་ཞུགས་བྱེད་པའི་བྱ་སྤྱོད་ལ་ཚོད་འཛིན་བྱེད་མི་ཐུབ་པའི་རྐྱེན་གྱིས་སློབ་སྦྱོང་ལ་སེམས་གནས་མི་ཐུབ་པ་དང་དྲན་ཤེས་ཉམས་པ། དེ་བཞིན་བསམ་གཞིག་གི་ནུས་པ་སྐྱོ་ཏ་འགྲོ་བ། འཚོ་བ་དང་སློབ་སྦྱོང་ལ་དགའ་ཞེན་དང་སེམས་ཤུགས་མེད་པ་སོགས་ཀྱི་སྣང་ཚུལ་ཐོན་སྲིད།

༣ བྱ་སྤྱོད་ཀྱི་ཐད།

སློབ་གྲྭ་འབྲིང་ཆུང་གི་སློབ་མ་དུ་བར་ནང་དབྱིངས་ཞུགས་ཚེ། སློབ་སྦྱོང་གི་སྒྲུངས་འབྲས་ལ་ཤུགས་རྐྱེན་ཐེབས་ནས་སློབ་སྦྱོང་ལ་སེམས་མི་གནས་པ་དང་སྦྱོང་ཚན་དུས་ཐོག་ཏུ་མི་འབྲི་བ། དེ་བཞིན་སྒྲུངས་འབྲས་ཞན་དུ་འགྲོ་བ། སློབ་སྦྱོང་བྱེད་འདོད་ཀྱི་སེམས་ཤུགས་མེད་པར་འགྱུར་བ། ཐ་ན་སློབ་སྦྱོང་ལ་སུན་སྣང་དང་སློབ་གྲྭ་ནས་འཐེན་པའི་གནས་ཚུལ་ཡང་ཐོན་བཞིན་ཡོད། སློབ་ཕྲུག་ཁ་ཤས་ཀྱིས་རང་ཉིད་ཀྱི་འཚོ་བའི་འགྲོ་གྲོན་དང་སློབ་ཡོན་དུ་ཁང་ནང་སྐྱེལ་བ་མ་ཟད། ཕ་མ་དང་དགེ་རྒན་ལ་མགོ་སྐོར་གཏོང་བ། བློ་ཁོག་ཆེ་བ་འགའ་རེ་འཕྲོག་བཅོམ་དང་རྐུ་རྒྱག་པ་སོགས་མཐར་ཉེས་གསོག་གི་ལམ་དུ་འགྲོ་བཞིན་ཡོད།

༤ ཀུན་སྤྱོད་ཀྱི་ཐད།

ད་རྒྱའི་འཛིག་རྟེན་ནི་དངོས་ཡོད་འཚོ་བ་སྒྱུ་མའི་ལམ་ནས་སྟོན་པ་ཞིག་ཡིན་ཞིང་། དྲ་བའི་

ནང་དོན་དངོས་འཚོ་བའི་ཁྲོད་ཀྱི་བྱ་དངོས་མང་པོ་ཞིག་ལ་སྒྲོ་འདོགས་བྱས་ཡོད་པས་སློབ་མའི་རྟོག་པ་ཟང་ཟིང་བཟོ་བཞིན་ཡོད། དྲ་བའི་ནང་རང་ཉིད་ཀྱི་གནས་ཚུལ་སྦས་སྐུང་བྱས་ཆོག་པས་གཞོན་ནུ་ལོ་ཆུང་རྣམས་རྟོག་བཟོའི་འཇིག་རྟེན་ནང་མགོ་རྨོངས་ཏེ་དངོས་ཡོད་འཚོ་བ་དང་ཟེ་འཕྱང་དུ་འགྲོ་བ་མ་ཟད། ཡུན་རིང་ཉལ་འཁོར་འགྲན་བསྡུར་དང་། མེ་མདའ་རྒྱག་པ། གསོད་གཏོར་བྱེད་པ་ལ་སོགས་པའི་དྲ་རྒྱའི་འཛིང་རེས་ཀྱི་རོལ་རྩེད་ནང་ཞུགས་པ་དེས་སློབ་མའི་ཀུན་སྤྱོད་ཀྱི་ཤེས་ཚད་རབ་རིབ་ཏུ་གྱུར་ནས། དངོས་ཡོད་འཚོ་བ་དང་རྟོག་བཟོའི་འཇིག་རྟེན་གཉིས་ཀྱི་ཁྱད་པར་འབྱེད་མི་ནུས་པར་འགྱུར་བཞིན་ཡོད། ནོར་འཁྲུལ་གྱི་ཤེས་རྟོགས་དེ་ལྟ་བུས་ཆ་ཚང་བའི་མི་གཤིས་དང་ཡང་དག་པའི་ལྟ་བ་ཞིག་གྲུབ་པར་ཤུགས་རྐྱེན་ངན་པ་བཟོ་སྲིད།

དྲ་དབྱིངས་ཞུགས་པ་ནི་གཞོན་ནུ་ལོ་ཆུང་འཚར་ལོངས་ཡོང་བར་འགོག་རྐྱེན་བཟོ་བའི་བགག་རྫ་ཡིན་ཟེར་དོན་གང་ཡིན་ནམ།

༡ དངོས་ཡོད་འཚོ་བར་ཁ་གཏད་མི་ནུས་པ།

དྲ་དབྱིངས་ཞུགས་པའི་གཞོན་ནུ་དེ་དག་རྟོག་བཟོའི་འཇིག་རྟེན་གྱི་གྲངས་འཛིན་ཅན་དང་ཚད་བཀག་རང་བཞིན་གྱི་རྐྱེན་པས། ཕམ་ཁ་ཁུར་ནུས་ཞན་ལ། དྲ་རྒྱའི་འཇིག་རྟེན་ནང་གྲུབ་འབྲས་ཐོབ་པར་སོ་སོ་རང་ཉིད་ཀྱི་ཐབས་ལམ་རེ་ཡོད་པས། དེ་ལ་དུས་ཚོད་ངེས་ཅན་ཞིག་བེད་སྤྱོད་བྱས་ན་གྲུབ་འབྲས་ཐོབ་སླ་པོ་ཡོད། དེ་དང་དངོས་ཡོད་འཚོ་བའི་ནང་དཀའ་སྡུད་འབད་བརྩོན་བྱས་ཀྱང་གྲུབ་འབྲས་ཐོབ་དཀའ་བའི་རྒྱུ་རྐྱེན་ལྡོག་པའི་རྐྱེན་གྱིས། དྲ་དབྱིངས་ཞུགས་པའི་གཞོན་ནུ་ལོ་ཆུང་རྣམས་དེ་བས་ཀྱང་དངོས་ཡོད་འཚོ་བར་ཁ་ཕྱོགས་མི་ནུས་པ་མ་ཟད་མདུན་སྐྱོད་ཀྱི་གོམ་པ་འདང་སྤོ་མི་ནུས་པའི་གནས་སུ་གྱུར་གྱི་ཡོད།

༢ རང་གཅུན་གྱི་ནུས་པ་ཞན་པ།

དྲ་དབྱིངས་ཞུགས་པའི་གཞོན་ནུ་ལོ་ཆུང་རྣམས་རང་གཅུན་གྱི་ནུས་པ་ཞན་པས་དྲ་བའི་རྒྱ་ལས་ཐར་དཀའ་བ་དང་། རང་གཅུན་གྱི་ནུས་པ་མེད་ན་ནན་ཏན་གྱིས་བྱ་བ་སྒྲུབ་ཐབས་མེད་པས།

དེ་འང་གཞོན་ནུ་ལོ་ཆུང་འཚར་ལོངས་ཡོང་བར་འགོག་རྐྱེན་བཟོ་བའི་རྒྱུ་མཚན་གཙོ་བོ་ཞིག་ཡིན།

༣ འབྲེལ་འདྲིས་བྱེད་ནུས་ཞན་པ།

ཟ་དབྱིངས་ཞུགས་པའི་ན་གཞོན་དེ་དག་ཟ་ཐོག་འབྲེལ་འདྲིས་ལ་གོམས་ནས་དངོས་ཡོད་འཚོ་བའི་ཁྲོད་མི་གཞན་དང་འབྲེལ་བ་ཡག་པོ་འཛུགས་ཐུབ་ཀྱི་མེད། གཡུར་དུ་ཟ་བའི་གྲུབ་འབྲས་ཐོབ་དགོས་ན་ངེས་པར་དུ་མི་གཞན་དང་འབྲེལ་འདྲིས་མང་ཙམ་བྱས་ཏེ་བསམ་འཆར་བརྗེ་ལེན་བྱེད་དགོས། སྤྱི་ཚོགས་ཀྱི་རྣམ་པ་སྣ་མང་ཅན་དུ་གྱུར་པའི་དུས་སྐབས་འདིར། རང་གཅིག་པུའི་ནུས་ཤུགས་ཁོ་ནས་གྲུབ་འབྲས་ངེས་ཅན་ཞིག་ཐོན་པར་དཀའ།

༤ ཉེ་འཁོར་གྱི་བྱ་དངོས་ལ་སྤྲོ་བ་མེད་པ།

ཟ་བར་དབྱིངས་ཞུགས་པའི་གཞོན་ནུ་ཚོའི་བསམ་བློ་ཟ་ཐོག་ཏུ་གཡེང་བས་ཉེ་འཁོར་གྱི་དོན་དག་ལ་དོ་ཁུར་མི་བྱེད་པ་དང་། དངོས་ཡོད་ཀྱི་འཚོ་བར་སྤྲོ་སེམས་མི་འཕེལ་ཁར་གསོན་ཤུགས་ཉམས་ཤིང་། དགའ་ངལ་ཕྲན་བུ་འཕྲད་སྐབས་ལམ་སེང་རང་དམའ་རང་འབེབས་བྱེད་ཀྱི་ཡོད།

ཟ་དབྱིངས་ཞུགས་པ་ལས་སྤྱི་ཚོགས་ལ་བཟོས་པའི་གནོད་འཚེ།

༡ ཡོག་ལམ་དུ་ཤོར་བ།

སློབ་གྲྭ་འབྲིང་ཆུང་གི་སློབ་མར་སྤྱོད་པ་སློག་པ་དང་ཡ་མཚན་གྱི་བློ་ཤུགས་ཆེན་ལྡན་པས། རྒྱུན་དུ་འོས་འཚམ་དང་ཟ་རྒྱ་བཀོལ་སྤྱོད་བྱེད་མི་ཐུབ་པ་དང་ཟ་ཐོག་གི་ཚུལ་མིན་ཆ་འཕྲིན་གྱི་ཤུགས་རྐྱེན་ཐེབས་པས་ཡོག་ལམ་དུ་ཤོར་སླ་པོ་ཡོད།

༢ འཇིག་རྟེན་གྱི་ལྟ་བ་གྲུབ་པར་ཤུགས་རྐྱེན་ཐེབས་པ།

ཟ་རྒྱའི་འཕེལ་རྒྱས་དང་བསྟུན་ནས་རྟོག་བཟོའི་རོལ་རྩེད་ཀྱི་འདྲ་བཟོའི་ལག་རྩལ་ཡང་ཉིན་རེ་བཞིན་ཡར་རྒྱས་ཕྱིན་ཡོད་པས། ཟ་རྒྱའི་རོལ་རྩེད་ཁྲོད་ཀྱི་མི་སྣས་སྤྲད་པའི་ཚོར་བ་ནི་ང་ཚོའི་བསམ་ཡུལ་ལས་འདས་པ་ཞིག་ཡོད་ལ། རོལ་རྩེད་ཁྲོད་ཀྱི་འཕྲོག་བཅོམ་གྱི་བྱ་སྤྱོད་ཀྱིས་

གཞོན་ནུ་ཚོར་རྫོག་བཟོ་དང་དངོས་ཡོད་འཚོ་བ་དབྱེ་འབྱེད་མི་ཐུབ་པའི་སྣང་བ་ཞིག་འཆར་ནས། ནར་མ་སོན་པའི་གཞོན་ནུའི་འཇིག་རྟེན་གྱི་ལྟ་བ་གྲུབ་པར་ཤུགས་རྐྱེན་ངན་པ་ཐེབས་ཏེ་དངོས་ཡོད་འཚོ་བར་ནོར་འཁྲུལ་གྱི་ལྟ་སྟངས་ཡོང་གི་ཡོད།

༣ མཛེས་དཔྱོད་ཀྱི་ལྟ་བ་ཉམས་པ།

དྲ་རྒྱའི་ཐད་གཏོང་སྒེགས་བུ་སྣ་ཚོགས་ཀྱིས་ཐད་གཏོང་མཁན་ལ་དགའ་པོ་བྱེད་མཁན་དང་ལག་རྟགས་ཀྱི་གྲངས་ཚད་དེ་ཐད་གཏོང་མཁན་གྱི་ཡོང་འབབ་ཀྱི་ཚད་གཞིར་བཟུང་བཞིན་ཡོད་པས། ཐད་གཏོང་མཁན་ཚོས་ཐབས་ཤེས་སྣ་ཚོགས་སྤྱད་ནས་གཞོན་ནུ་ལོ་ཆུང་གི་སེམས་འགུག་ཐབས་བྱེད་པ་དང་། ཐ་ན་ཚུལ་མིན་གྱི་བྱ་ཐབས་སྤྱད་དེ་མི་སེམས་བསླུ་བ་དེས་སྤྱི་ཚོགས་ལ་ཤུགས་རྐྱེན་ངན་པ་བཟོས་ཡོད།

གཞོན་ནུ་ལོ་ཚུང་རྣམས་ཐ་རྒྱའི་གླིང་དུ་མགོ་འཁོར་བའི་རྒྱུ་རྐྱེན།

༡ འཚོ་བར་དཀའ་ངལ་འཕྲད་པའམ་འགལ་རྐྱེན་བྱུང་བ།

གཞོན་ནུ་ལོ་ཚུང་ཚོར་སློབ་སྦྱོང་གི་སྦྱངས་འབྲས་ཡག་པོ་མ་ཐོབ་པ་དང་ཁྱིམ་ཚང་ལ་བཀྲ་མ་ཤིས་པ་སོགས་ཀྱི་གནས་ཚུལ་འཕྲད་སྐབས། དེ་དག་ལ་གཡོལ་གང་ཐུབ་བྱེད་ཀྱི་ཡོད་པར་བརྟེན་དྲ་རྒྱ་ནི་ཁོ་ཚོ་དོན་དངོས་འཚོ་བར་གཡོལ་སའི་གནས་ཡག་ཤོས་ཤིག་ཏུ་གྱུར་ཡོད།

༢ དྲ་བའི་ཡིད་འགུག་གི་ནུས་པ།

ཡིད་དབང་འགུག་ཤུགས་ཆེ་བའི་དྲ་རྒྱའི་འཇིག་རྟེན་གྱིས་གཞོན་ནུ་ལོ་ཚུང་ཚོའི་ཡིད་སེམས་རབ་ཏུ་བཀུག་པས་དོན་དངོས་འཚོ་བ་ལས་རིང་དུ་གྱེས་ཏེ་མཐར་དྲ་རྒྱར་དབྱིངས་ཚུད་ཀྱི་ཡོད།

༣ སེམས་ཁམས་ཡོངས་སུ་མ་སྨིན་པ།

གཞོན་ནུ་ལོ་ཚུང་གི་སེམས་ཁམས་ཡོངས་སུ་སྨིན་མེད་པས་རང་ཉིད་ལོག་ལམ་དུ་ཤོར་བ་ཧ་གོ་ནའང་། ལམ་ནོར་ལྡོག་ཤེས་བྱེད་པའི་བློ་རྩ་བརྟན་པོ་མེད་པའི་རྐྱེན་གྱིས་དྲ་རྒྱའི་ནང་དབྱིངས་ཚུད་ཀྱི་ཡོད།

༤ ལུགས་མཐུན་གྱི་ལྟ་སྐྱོང་དང་ཁྲིད་སྟོན་བྱུང་མེད་པ།

སྤྱིར་ཁྱིམ་བདག་དང་དགེ་རྒན་མང་ཆེ་བས་ཕྲུ་གུ་དྲ་བའི་ནང་དབྱིངས་ཚུད་ཚར་རྗེས་གཞི་ནས་ཤེས་རྟོགས་ཐུབ་ཀྱི་ཡོད་པས། དེ་ལྟ་བུའི་དུས་ཐོག་དང་ལུགས་མཐུན་མིན་པའི་ལྟ་འདོམས་བྱེད་སྟངས་དེའང་གཞོན་ནུ་ལོ་ཚུང་དྲ་བའི་ནང་དབྱིངས་ཚུད་པའི་རྒྱུ་རྐྱེན་ཡིན། དེར་བརྟེན་ང་ཚོས་ངེས་པར་དུ་དུས་ཐོག་ངང་ཕྲུ་གུའི་སེམས་ཁམས་ཀྱི་འགྱུར་ལྡོག་ལ་དོ་སྣང་དང་ཁྲིད་སྟོན་ཡག་པོ་བྱེད་དགོས།

གཞོན་ནུ་ལོ་ཆུང་དྲ་རྒྱར་མགོ་འཁོར་བ་ལས་བྱུང་བའི་གནོད་འཚེ།

༡ དྲ་བར་དབྱིངས་ཞུགས་པ།

དྲ་བའི་ནང་མགོ་འཁོར་བའི་ཐད་ཀའི་གནོད་འཚེ་ནི་དྲ་དབྱིངས་ཞུགས་པ་དེ་ཡིན། དཔེར་ན་ཞི་མི་འཁྲུམ་པོ་ཞིག་དང་འདྲ་བར་དུས་ཡུན་རིང་པོ་ཕྱི་ལ་འཁྲུམ་པའི་རྐྱེན་གྱིས་མཐར་རང་ཉིད་ནང་ལ་ལོག་པའི་འདུན་པ་ཡང་མེད་པར་འགྱུར་བའི་ཉེན་ཁ་ཡོད།

༢ ལུས་པོའི་འཚར་ལོངས་ལ་འགོག་རྐྱེན་བཟོ་བ།

དྲ་རྒྱས་གཞོན་ནུ་ལོ་ཆུང་གི་འཚོ་བའི་གོམས་གཤིས་དཀྲུགས་ནས་གཉིད་ཡག་པོ་མི་ཁུག་པ་དང་ཟས་ཟ་འདོད་མེད་པ་སོགས་བྱས་ཏེ་ལུས་པོའི་འཚར་ལོངས་ལ་འགོག་རྐྱེན་བཟོ་ཡི་ཡོད།

༣ སློབ་སྦྱོང་བྱེད་པའི་བསམ་བློ་མེད་པ།

དྲ་རྒྱའི་ནང་མགོ་འཁོར་ཚེ་སློབ་སྦྱོང་བྱ་རྒྱུ་དེ་རང་ཉིད་ཀྱི་ལས་འགན་ཡིན་པ་བརྗེད་འགྲོ་བ་མ་ཟད། ཐ་ན་ཕ་མ་དང་སློབ་གྲོགས། དགེ་རྒན་བཅས་དབར་གྱི་འབྲེལ་བ་ཡང་རྒྱང་ཐག་རིང་དུ་འགྲོ་ཡི་ཡོད།

༤ སེམས་ཁམས་འཚར་ལོངས་ལ་སྐྱོན་བྱེད་པ།

ཉ་རྒྱུའི་འཛིག་རྟེན་གྱི་བག་ཕེབས་འཚོ་བར་གོམས་ཚེ། དོན་དངོས་འཚོ་བའི་ཁྲོད་དཀའ་ངལ་དང་འགལ་རྐྱེན་འཕྲད་སྐབས་ཁོ་ཚོའི་སེམས་ནང་དངངས་སྐྲག་དང་ཞེད་སྣང་གིས་དཀའ་ངལ་ཁྲིད་བསད་བྱེད་ཐུབ་ཀྱི་མེད།

ཇི་ལྟར་བྱས་ནེ་ཉ་རྒྱུའི་འཚོ་བ་ནས་དོན་ཐུབ་པ་དགོས།

༡ སྙིང་སྟོབས་ཆེར་བསྐྱེད་ཀྱིས་འཚོ་བ་དངོས་ནང་ཞུགས་པ།

བྱ་སྤྱོད་དངོས་ཀྱི་ཐོག་ནས་ཉ་དབྱིངས་བཅད་དེ་ཉ་རྒྱུའི་འཚོ་བ་ལས་ཁ་བྲལ་དགོས།

༢ དུས་ཚོད་ཀྱི་གལ་ཆེའི་རང་བཞིན་རྟོགས་དགོས།

གཞོན་ནུ་ལོ་ཆུང་ཚོས་རིན་ཐང་བྲལ་བའི་དུས་ཚོད་དེ་དོན་སྙིང་ལྡན་པའི་བྱ་བའི་ཐོག་སྤྱོད་ཐུབ་ན་གཞི་ནས་ཉ་བར་དབྱིངས་ཚུད་པའི་གནས་བབ་ལས་ཐར་ཐུབ།

༣ འཚོ་བའི་ཁྲོད་ཀྱི་གནས་ཚུལ་ཅག་ཅིག་ལ་ལྟ་ཞིབ་ཡག་པོ་བྱེད་དགོས།

ཉ་དབྱིངས་སུ་ཚུད་པའི་ཕྲུ་གུ་མང་ཆེ་བས་འཚོ་བའི་སྒྲོ་སྣང་དང་སྙིང་པོ་ཚོར་མ་ཐུབ་པས། ངེས་པར་དུ་ཁོ་ཚོར་འཚོ་བའི་སྒྲོ་སྣང་ཉམས་ལེན་བྱེད་དུ་བཅུག་སྟེ་ཉ་རྒྱུའི་རྟོག་བཟོའི་འཛིག་རྟེན་ནས་ཁ་བྲལ་ཐབས་བྱེད་དགོས།

༤ སེམས་ཁམས་ཀྱི་སློབ་གསོ་སྤེལ་དགོས།

དགེ་རྒན་དང་ཁྱིམ་བདག་གིས་ངང་རྒྱུད་རིང་པོས་ཕྲུ་གུར་སློབ་གསོ་བརྒྱབ་སྟེ་ཁོ་ཚོར་ཉ་དབྱིངས་གཅོད་པའི་ཁྲིད་སྟོན་བྱེད་དགོས།

༥ སློབ་གསེང་བྱེད་སྒོའི་ནང་ཞུགས་དགོས།

ཉ་རྒྱུའི་ཤེས་བྱའི་སློབ་གསོའི་བྱེད་སྒོའི་ནང་ཧུར་ཐག་ཞུགས་ཏེ་ཚན་རིག་དང་མཐུན་པའི་

སྔོ་ནས་རྩོག་བཟོ་དང་དོན་དངོས་དབར་གྱི་འབྲེལ་བ་དང་དྲ་བར་དབྱིངས་ཚུད་དྲགས་པའི་གནོད་འཚེར་ངོས་འཛིན་གསལ་པོ་བྱེད་དགོས།

ལེའུ་བཞི་པ།

སེམས་ཁམས་སྒོམ་སྦྲིག་བྱས་ཏེ་དྲ་དབྱིངས་ ཞུགས་པར་སྔོན་འགོག་བྱེད་དགོས།

དྲ་དབྱིངས་མ་ཚུད་གོང་ནས་སྔོན་འགོག་བྱ་རྒྱུ་ནི་དྲ་བར་དབྱིངས་ཞུགས་ཚར་རྗེས་གཅོད་ཐབས་བྱེད་པ་ལས་གལ་ཆེ་ལ། ལྷག་པར་དུ་སེམས་ཁམས་སློམ་སྒྲིག་བྱེད་པ་ནི་དྲ་དབྱིངས་ཚུད་པར་སྔོན་འགོག་བྱེད་པའི་ཐབས་ཤེས་ཡག་ཤོས་དེ་ཡིན། དུས་རྒྱུན་རང་རྒྱུད་ཞི་ཞིང་དུལ་བའི་གཞོན་ནུ་ལོ་ཆུང་དག་དྲ་བའི་ནང་དབྱིངས་ཚུད་སླ་པོ་མེད་ཅིང་། འཚོ་བའི་ཁྲོད་ཕུན་སུམ་ཚོགས་པའི་དགའ་ཕྱོགས་དང་དྭ་སྐྱིད་ལྡན་པའི་ཁྱིམ་ཚང་ཁོར་ཡུག་སོགས་ཀྱིས་དྲ་དབྱིངས་ཞུགས་པར་སྔོན་འགོག་བྱེད་ཐུབ།

གཞན་དང་མི་མཐུན་པའི་གཤིས་ཀའི་ཁྱད་ཆོས། ✧

༡ སྤོབས་སེམས་ཆ་བ།

གཞོན་ནུ་འདི་རིགས་ཀྱི་སེམས་ནང་རང་ཉིད་གཞན་ལས་ཕུལ་དུ་བྱུང་བ་ཡོད་སྙམ་ནས་མཆོག་གྱུར་གྱི་བསམ་བློ་ཞིག་ཁྱེར་ཏེ་མི་གཞན་ལ་མཐོང་ཆུང་བྱེད་ཀྱི་ཡོད།

༢ རང་ཉིད་ཆེ་བ།

གཞོན་ནུ་འདི་རིགས་དུས་རྒྱུན་འཚོ་བའི་ཁྲོད་གྲོགས་པོ་སྒྲིག་ཁག་པས་མི་གཞན་དང་འབྲེལ་བ་ཡག་པོ་ཡོང་གི་མེད།

༣ གཏམ་འདོད་ཆེ་བ།

གཞོན་ནུ་འདི་རིགས་ཀྱིས་ག་དུས་ཡིན་རུང་རང་གཙོ་བོར་འཛིན་ཅིང་། ང་མིན་ན་སུ་ཡིན་སྙམ་པའི་རྣམ་འགྱུར་འཛིན་པ་ནི་མི་ཚེའི་བགྲོད་ལམ་ཐོག་གི་བགག་རྡོ་ཞིག་རེད།

གཞན་དང་མི་མཐུན་པའི་གཤིས་ཀར་འགྱུར་ལྡོག་ཇི་ལྟར་གཏོང་དགོས། ✧

༡ འབྲེལ་འདྲིས།

རྒྱུན་དུ་མི་གཞན་དང་འབྲེལ་བ་མང་ཙམ་བྱས་ཏེ་ཕན་ཚུན་སྤྱོད་ཚོར་སྤེལ་རེས་བྱེད་པ་དང་།

གཞན་གྱི་རྒྱུད་ལ་ཡོད་པའི་དགེ་མཚན་དང་ལེགས་ཆར་སློབ་སྦྱོང་དང་སྤྱོད་རོལ་བྱེད་དགོས།

༢ མཉམ་སྤྱོད།

མི་ནི་གཞན་བརྟེན་རང་བཞིན་གྱི་སྲོག་ཆགས་ཤིག་ཡིན་པས་སྤྱིར་གྱི་འཛོན་ནུས་ཇི་ལྟར་ཆེ་ན་ཡང་མི་གཞན་གྱི་རམ་འདེགས་དང་མཐུན་སྦྱོར་ཡོད་དགོས།

ན་འཛུག་བྱེད་ཕྱུན་ཚོད་འཛིན་མ་བྱས་པ་ལས་བྱུང་བའི་གནོད་འཚེ།

༡ ན་རྒྱའི་འཚོ་བ་ལས་བྲལ་མ་ཐུབ་པ།

ན་རྒྱའི་འཚོ་བར་བརྟེན་ན་གས་ན་གཞོན་ནུ་ལོ་ཆུང་རྣམས་རྟོག་བཟོའི་འཇིག་རྟེན་ནང་དབྱིངས་ཚུད་ནས་དོན་ཐུབ་ཀྱི་མེད་པ་དང་། དེ་ལྟར་ཡུན་རིང་ཕྱིན་ཆེ་ཁོ་ཚོས་འཚོ་བའི་ཁྲིད་ཀྱི་འགྲན་རྩོད་དང་དཀའ་ངལ་སོགས་ཚོར་མ་ཐུབ་པ་མ་ཟད། གཞོན་ནུ་ལོ་ཆུང་བདེ་ཐང་དང་འཚར་ལོངས་ཡོང་བར་ཡང་ཤུགས་རྐྱེན་ངན་པ་ཐེབས་ཀྱི་ཡོད།

༢ ཕན་ཚུན་འབྲེལ་འདྲིས་བྱེད་པར་འགོག་རྐྱེན་བཟོ་བ།

སློབ་མ་མི་ཉུང་བ་ཞིག་གིས་གུང་གསེང་དུས་ཚོད་མང་ཆེ་བ་ན་བའི་ནང་མགོ་འཁོར་ནས་སྡོད་ཀྱི་ཡོད། དེ་ལྟར་ཕ་མ་སྤུན་མཆེད་དང་གྲོགས་པོའི་དབར་གྱི་འབྲེལ་བ་སོགས་རྒྱང་ཐག་རིང་དུ་ཕྱིན་པ་དེས་གཤིས་ཀར་འགྱུར་ལྡོག་འགྲོ་བ་མ་ཟད། མི་གཞན་དང་འབྲེལ་འདྲིས་བྱེད་པའི་ནུས་པར་ཡང་ཤུགས་རྐྱེན་ངན་པ་བཟོ་བཞིན་ཡོད།

༣ གཟུགས་གཞིའི་བདེ་ཐང་ལ་གནོད་པ་བཟོ་བ།

གློག་ཀླད་དང་ཁ་པར་སོགས་ལ་ཡུན་རིང་བལྟས་ན་མིག་གཟེ་ལོག་ཆགས་པའམ་ཡང་ན་མིག་ཤེས་ཉམས་ལ། རྫས་ཞིལ་གྱི་འཕྲོད་འཛྲིས་མིའི་ལུས་པོར་གནོད་པ་ཏ་ཙང་ཆེན་པོ་བཟོ་ཡི་ཡོད། ན་བ་བེད་སྤྱོད་བྱེད་ཡུན་རིང་དྲགས་ན་རིག་པ་རྩེ་གཅིག་ཏུ་བསྒྲིམ་མི་ཐུབ་པ་དང་སློབ་སྦྱོང་ལ་སེམས་མི་གནས་པ། གཞན་ཡང་རྒྱབ་སྙིགས་ཐོག་བསྡད་ཡུན་རིང་དྲགས་ན། ཤ་རྒྱུས་པ་

དང་ལུས་པོའི་རིམས་འགོག་ནུས་པ་ཉམས་པ། སྐྱེལ་རྩིའི་ཟགས་ཐོན་དོ་མི་མཉམ་པ་ལ་སོགས་པའི་གནས་ཚུལ་ཐོན་གྱི་ཡོད།

གཞོན་ནུ་ལོ་ཆུང་གི་རང་གཙན་ནུས་པ་གོང་མཐོར་གཏོང་ཐབས།

༡ ཐྲུང་བསྒོམ་ཐབས།

དང་ཐོག་ལྷད་ཅན་གྱི་བསམ་བློ་མཐའ་དག་རིང་དུ་སྤངས་ཏེ་སེམས་རྣལ་ལ་ཕབ་རྗེས། རིག་པ་ལྟེ་འོག་སོར་གསུམ་གྱི་མཚམས་སུ་རྩེ་གཅིག་ཏུ་སྒྲིམ་དགོས། སྦྱོང་བརྡར་བྱ་ཐབས་འདི་སྟབས་བདེ་བ་ཞིག་ཡིན་མོད། འོན་ཀྱང་ཕན་འབྲས་ཧ་ཅང་མངོན་གསལ་དོད་པོ་ཡོད།

༢ དབུགས་འཐེན་རྟབ་སྦྱོང་ཐབས།

ཞེད་སྣང་དང་དངངས་སྐྲག་དེ་བཞིན་ཐྲུང་ལངས་པའི་སྐབས། དབུགས་ཧལ་བ་དང་དབུགས་གཏོང་ཁག་པ་སོགས་ཚོར་དཀའ་བས། དེའི་སྐབས་སློབ་གྲྭ་འབྲིང་ཆུང་གི་སློབ་མ་རྣམས་ཀྱིས་དབུགས་འཐེན་རྟབ་ཀྱི་སྦྱོང་བརྡར་བྱེད་ཚོག་པ་སྟེ། དཔེར་ན་ཅོག་པུར་སྡོད་པའམ་ཀྲོང་

ངེར་ལངས་ཏེ་ལུས་ཀྱི་ཆ་ཤས་ཀུན་སློད་ལ་བབ་ཏུ་བཅུག་ཐོག །དབུགས་འབྱིན་རྔུབ་བྱེད་པའམ་ཡང་ན་འཆམ་འཆམ་བྱེད་ཞོར་ལ་དབུགས་འབྱིན་རྔུབ་སྦྱོང་བརྡར་བྱེད་དགོས།

༣ ཤ་གནད་སྦྱོང་བརྡར་བྱེད་ཐབས།

ཤ་གནད་སྦྱོང་བརྡར་བྱས་ན་དངངས་སྐྲག་མི་ལངས་པ་དང་ངལ་གསོ་ཐེབས་པ་མ་ཟད། ད་དུང་ནད་རིགས་ཁ་ཤས་བཅོས་ཐུབ་ཀྱི་ཡོད་པས་གལ་སྲིད་རྟག་ཏུ་སྦྱོང་བརྡར་བྱས་ན་སློབ་མའི་རང་གཅུན་གྱི་འདུ་ཤེས་མཐོ་རུ་གཏོང་ཐུབ།

༤ རང་ཉིད་ལ་སྐུལ་མ་གཏོང་དགོས།

མིའི་བྱ་སྤྱོད་ནི་བསམ་བློས་ཚོད་འཛིན་བྱེད་པ་ཞིག་ཡིན་པས་སློབ་གྲྭ་འབྲིང་ཆུང་གི་སློབ་མ་ཚོས་རང་ཉིད་ལ་སྐུལ་མ་བཏང་སྟེ་རང་གཅུན་གྱི་འདུ་ཤེས་མཐོ་རུ་བཏང་ཚོག །སེམས་ལ་སྐུལ་མ་ཡག་པོ་ཞིག་གཏོང་ཐུབ་ན་བློ་སྟོབས་ལྡན་པར་གྱུར་ཏེ་རང་ཉིད་ཀྱི་སྤྱོད་ཚུལ་ངན་པ་རྣམས་རྒྱང་དུ་སྤུར་ཐུབ། རང་ཉིད་ལ་ངོ་བསྟོད་བྱེད་པ་ནི་སོ་སོས་སོ་སོར་བཏོན་པའི་བླང་བྱ་ཞིག་སྟེ། རང་ཉིད་རང་གི་མགོན་དུ་བྱེད་པ་དེའོ། །

གཞོན་ནུ་ལོ་ཆུང་གི་སེམས་མི་བདེ་བའི་མངོན་རྟགས།

༡ རླུང་ལངས་པ།

རླུང་ལངས་ན་ལུས་སེམས་གཉིས་ཀར་གནོད་པ་ཆེ་ཞིང་། སེམས་རྣལ་ལ་དབབ་མི་ཐུབ་པ་དང་རང་ཚོད་ཟིན་མ་ཐུབ་པར་འགྱུར་གྱི་ཡོད།

༢ སེམས་ཁྲལ་ལངས་པ།

ཡིག་རྒྱུགས་ལ་སོགས་པའི་གནོན་ཤུགས་ཅུང་ཆེ་བའི་གནས་ཚུལ་འཕྲད་སྐབས་སེམས་ནང་དངངས་འཚབ་དང་སེམས་ཁྲལ་ལངས་ནས་གཉིད་ཐེབས་བཅག་པའི་སྣང་ཚུལ་ཐོན་གྱི་ཡོད།

༣ འཁྲུག་པ་སྐྱེ་བ།

བསླུ་བྲིད་ག་གེ་མོ་ཞིག་འགོག་མ་ཐུབ་པ་ལས་བྱུང་བའི་མཇུག་འབྲས་ལ་འཁྲུག་པ་སྐྱེ་སྲིད།

༤ བློ་ཕམ་སྐྱེ་བ།

ཡིག་རྒྱུགས་ཀྱི་སྒྲུངས་འབྲས་ཡག་པོ་མ་བྱུང་བ་ནི་བློ་ཕམ་སྐྱེ་བའི་རྒྱུ་རྐྱེན་གཙོ་བོ་ཞིག་ཡིན་ཞིང་། དེ་ནི་རེ་བ་འབྲས་མེད་དུ་གྱུར་པའི་སེམས་ཁམས་ཀྱི་རྣམ་པ་ཞིག་ཡིན།

༥ སེམས་སྡུག་བྱེད་པ།

དགེ་རྒན་དང་ཁྱིམ་བདག་གི་ཁ་རྡུང་གཟེད་སྐབས་སེམས་སྡུག་ཡོང་སྲིད།

༦ ཞེད་སྣང་སྐྱེ་བ།

མཇུག་འབྲས་ཚབས་ཆེན་བཟོ་སྲིད་པའི་ལས་ཀ་བྱས་རྗེས་སེམས་ནང་ཞེད་སྣང་དང་དངངས་སྐྲག་སྐྱེ་བ།

སེམས་མི་བདེ་བ་སེལ་ཐབས།

༡ ལུས་རྩལ་སྦྱོང་བརྡར།

སེམས་སྐྱིད་པོ་མེད་དུས་ལུས་རྩལ་སྦྱོང་བརྡར་བྱེད་པ་ནི་སེམས་ཁམས་སྙོམ་སྒྲིག་བྱེད་ཐབས་ཡག་ཤོས་ཤིག་ཡིན། ལུས་རྩལ་སྦྱོང་བརྡར་གྱིས་སེམས་ཁམས་ལ་སྤྲོ་སྣང་སྐྱེ་ཐུབ།

༢ རོལ་དབྱངས་ལ་བརྟེན་ནས་སེམས་མི་བདེ་བ་སེལ་ཐབས་བྱེད་པ།

རོལ་དབྱངས་ཀྱིས་མིའི་དབང་རྩའི་མ་ལག་སྙོམ་སྒྲིག་བྱེད་ཐུབ་པ་མ་ཟད་སྤྲོ་སྣང་དང་དངངས་སྐྲག་ལས་སྐྱིད་པའི་སེམས་ནད་ཀྱང་སེལ་ཐུབ།

༣ གྲོགས་པོར་སེམས་གཏམ་ཤོད་པ།

རང་ཉིད་ཀྱི་སེམས་གཏམ་དག་གྲོགས་པོར་སྦ་གསང་མེད་པར་ཤོད་པ་ནི་སེམས་མི་བདེ་བ་སེལ་ཐབས་ཡག་ཤོས་ཤིག་ཡིན།

༤ བསམ་གཞིག་ཡང་དག་བྱེད་པ།

སེམས་མི་སྐྱིད་པའི་འབྱུང་རྐྱེན་མང་པོ་ཞིག་ནི་ང་ཚོས་བྱ་དངོས་དག་ལ་ངོས་འཛིན་གསལ་པོ་ཞིག་བྱེད་མ་ཐུབ་པ་ལས་བྱུང་བ་ཡིན། དོན་དག་གང་འདྲ་ཞིག་ཡིན་རུང་དེར་ལེགས་ཉེས་ཀྱི་ཆ་གཉིས་ཡོད་པས་ང་ཚོས་ཕྱོགས་གཞན་ཞིག་ནས་གནད་དོན་དེར་བསམ་གཞིག་བྱས་ཏེ་ལེགས་པའི་ཕྱོགས་ལ་བསམ་བློ་གཏོང་དགོས།

༥ བསམ་བློའི་གོ་རྟོགས་མཐོ་རུ་གཏོང་དགོས།

སྐབས་འགར་སེམས་མ་སྐྱིད་པ་དེ་ཡང་འབད་བརྩོན་བྱེད་པའི་སྟོབས་ཤུགས་ལ་འགྱུར་སྲིད་པ་སྟེ། སྡུག་བསྔལ་སེལ་ཚར་རྗེས་སྡུག་བསྔལ་དེ་ཉིད་ཡིད་ལ་དྲན་ན་ད་གཟོད་གསོན་ཤུགས་རྒྱས་ཐུབ་པ་ནི་བསམ་བློའི་གོ་རྟོགས་མཐོ་རུ་འགྲོ་བའི་བརྒྱུད་རིམ་ཞིག་ཡིན།

ལེའུ་ལྔ་པ།

ཀློ་ཐག་ཟད་ཚད་ཀྱིས་དྲུ་བའི་ནང་ནས་ རོན་ཐུབ་པ་བྱེད་དགོས།

དྲ་དབྱིངས་གཙོད་དགོས་ན་ངེས་པར་དུ་རང་ཉིད་ལ་ཡིད་ཆེས་དང་སྙིང་རུས་ཆེན་པོ་ཡོད་དགོས། དེས་རང་ཉིད་ལ་འགྱུར་ལྡོག་གཏོང་བསམ་པའི་ཚོད་སེམས་བརྟན་པོ་ཡོད་མེད་མངོན་ཐུབ། ནར་མ་སོན་པའི་གཞོན་ནུ་ལོ་ཆུང་རྣམས་དྲ་དབྱིངས་གཙོད་པའི་བརྒྱུད་རིམ་ནང་ཁྱིམ་ཚང་དང་སློབ་གྲྭ། སྤྱི་ཚོགས་བཅས་ཀྱིས་རོགས་འདེགས་བྱ་དགོས་པ་དང་། དྲ་དབྱིངས་ཚོད་པའི་རྗེས་སུའང་ཕྲུ་གུར་དོ་སྣང་མང་ཙམ་བྱེད་དགོས། གང་ལགས་ཤེ་ན། ཁོ་ཚོ་ཡང་བསྐྱར་དྲ་བར་དབྱིངས་ཞུགས་ཉེན་ཆེའོ། །

དྲ་དབྱིངས་གཙོད་ཐབས།

༡ འཆར་གཞི་ཡག་པོ་ཞིག་འདིང་དགོས།

བྱ་བ་གང་ཞིག་སྒྲུབ་རུང་ངེས་པར་དུ་འཆར་གཞི་ཡག་པོ་བཏིང་ནས་འཆར་གཞི་ལྟར་སྒྲུབ་དགོས། གལ་སྲིད་འཆར་གཞི་དེ་དོན་དངོས་དང་མི་མཐུན་ཚེ་སེམས་ནང་དཀའ་ངལ་ལ་སྐྲག་སྣང་དང་གྲུབ་འབྲས་མི་ཐོབ་པའི་ཚོར་སྣང་སྐྱེས་ཏེ། མཐར་དྲ་དབྱིངས་གཙོད་ཐུབ་ཀྱི་མེད།

༢ དཀའ་ངལ་ཁྱད་བསད་བྱེད་དགོས།

དྲ་དབྱིངས་གཙོད་པ་ནི་ཕྱི་ཚུལ་ཙམ་མིན་པར་དཀའ་ངལ་ཁྱད་བསད་བྱས་ནས་རང་

ཉིད་དྲ་དབྱིངས་ལས་རྣམ་པར་རྒྱལ་བར་བྱ་རྒྱུ་དེ་ཡིན། གལ་སྲིད་ང་ཚོས་དཀའ་ངལ་རྣམས་ལོ་སྐབས་ཤིག་ཏུ་བརྩིས་ནས་བློ་ཁོག་ཆེན་པོས་སེལ་ཐབས་བྱས་ན་དཀའ་ངལ་ལས་གྲོལ་ཐུབ་པའི་སེམས་ཤུགས་རང་བཞིན་དུ་སྐྱེ་སྲིད།

༣ དྲ་རྒྱའི་བག་ཕེབས་ཀྱི་འཚོ་བ་ལས་ཁ་བྲལ་དགོས།

རྟག་ཏུ་རང་གིས་རང་ལ་དྲན་སྐུལ་བྱས་ཏེ་མྱུར་དུ་དྲ་རྒྱའི་བག་ཕེབས་ཀྱི་འཚོ་བ་ལས་ཁ་བྲལ་དགོས་པ་དང་། དྲ་རྒྱ་ནི་གནས་སྐབས་རིང་དངོས་ཡོད་འཚོ་བའི་དཀའ་ངལ་ལས་གཡོལ་སའི་གནས་ཙམ་ཞིག་ཡིན་པ་ལས་ཕུགས་ཀྱི་རྟེན་ས་མིན་པའི་རྟེང་སྐུལ་བྱེད་དགོས།

༤ རང་སེམས་གཙུན་ཐུབ་པ་དགོས།

དྲ་དབྱིངས་གཙོད་དགོས་ན་ངེས་པར་དུ་སེམས་ལ་གྲ་སྒྲིག་དགོས་པ་དང་། རང་ཉིད་ཀུར་བརྩོན་ཅན་ཞིག་གམ་སྣང་བ་སྐྱིད་པོ་ཞིག་ཏུ་འགྱུར་བ་བྱེད་དགོས།

༥ རང་ཉིད་ལ་དམིགས་འབེན་ཞིག་འཛུགས་དགོས།

བྱ་བ་ཅི་ཞིག་བསྒྲུབ་ནའང་ངེས་པར་དུ་དམིགས་འབེན་ཞིག་བཙུགས་ནས་དེ་བསྒྲུབ་པར་སྐུལ་འདེད་གཏོང་བའི་སྐུལ་ཤུགས་སུ་འཛིན་དགོས།

༦ ཡི་ཐང་མ་ཆད་པར་བསམ་གཞིག་ནན་པོ་བྱེད་དགོས།

བྱ་བ་གང་ཞིག་བསྒྲུབས་ཀྱང་འཕྲལ་དུ་ལམ་ལྷོངས་ཡོང་དཀའ་བས། དྲ་དབྱིངས་ཞུགས་པའང་དེ་ལྟར་ཏེ་ཡི་ཐང་མ་ཆད་པར་ངེས་པར་དུ་དྲ་དབྱིངས་ཞུགས་རྐྱེན་ལ་བསམ་གཞིག་ནན་པོ་བྱེད་དགོས།

༧ སེམས་ནང་དངངས་འཚབ་ཡོད་དགོས་པ།

མ་འོངས་པར་འཆར་གཞི་དང་དམིགས་ཡུལ་ཡོད་དགོས་པ་མ་ཟད། སེམས་ནང་རང་ཉིད་གཞན་གྱི་རྗེས་སུ་ལུས་ཟིན་པར་དངངས་འཚབ་སྐྱེས་ཏེ་དེ་བས་འབད་བརྩོན་ཀུར་ཐག་བྱེད་དགོས།

༨ དྲ་གློག་དང་དྲ་རྒྱའི་རོལ་རྩེད་དང་ཁ་བྲལ་དགོས།

དྲ་གློག་དང་དྲ་རྒྱའི་རོལ་རྩེད་ཡག་པོ་ག་ཚོད་ཡོད་ནའང་དེ་ཚོ་ནི་རང་ཉིད་དྲ་རྒྱར་བསླུ་བའི་སླུ་ཐབས་ཤིག་དང་འདྲ་བས་རིང་དུ་སྤོང་དགོས།

༩ སྙིང་གཡེང་བྱ་རྒྱུ་མེད་པ།

དྲ་དབྱིངས་ཡོངས་སུ་བཅད་ཚར་རྗེས་རེས་པར་དུ་སེམས་རྣལ་ལ་ཕབ་སྟེ་སློབ་པོར་འདུག་དགོས་པ་ལས། སློབ་གཡེང་ཤོར་བའི་རྐྱེན་གྱིས་ཡང་བསྐྱར་དྲ་བའི་ནང་དབྱིངས་མི་ཚུད་པར་སྔོན་འགོག་བྱེད་དགོས།

གཞོན་ནུ་ལོ་ཆུང་དྲ་དབྱིངས་གཅོད་པའི་ཁྱིམ་ཚང་གི་འཆར་གཞི།

༡ ཁྱིམ་ཚང་གི་ཁོར་ཡུག་ཡག་པོ་དགོས་པ།

ཕ་མས་ཕྲུ་གུར་དྲོ་སྙིང་དང་འཆམ་མཐུན་གྱི་ཁྱིམ་ཚང་ཁོར་ཡུག་ཅིག་བསྐྲུན་ནས་ཕྲུ་གུའི་སེམས་ཁམས་བདེ་ཐང་དང་འཚར་ལོངས་ཡོང་བ་བྱེད་དགོས།

༢ སྒྲིག་སྲོལ་ཡག་པོ་ཞིག་བཟོ་དགོས།

ཕྲུ་གུར་འོས་འཚམ་དང་དྲ་བ་བེད་སྤྱོད་བྱེད་པའི་སྒྲིག་སྲོལ་བཟོས་ཏེ་སྒྲིག་སྲོལ་ལྟར་དྲ་འཇུག་བྱེད་དུ་འཇུག་དགོས། འདི་ལྟར་བྱས་ན་ཕྲུ་གུའི་དྲ་འཇུག་བྱེད་ཡུན་ཐུང་དུ་གཏོང་ཐུབ།

༣ རྒྱུན་དུ་ཕྲུ་གུར་དོ་སྣང་མང་ཙམ་བྱེད་དགོས།

ཕ་མས་དུས་ཐོག་ཏུ་ཕྲུ་གུའི་བྱ་སྤྱོད་དང་སེམས་ཁམས་ཀྱི་འགྱུར་ལྡོག་ལ་དོ་སྣང་བྱེད་ཐུབ་པ་དགོས། གལ་ཏེ་རྒྱུན་གཏན་དང་མི་འདྲ་བའི་གནས་ཚུལ་ཐོན་ཚེ་ལམ་སེང་དེ་བསྟུན་གྱི་ཐབས་ཤེས་སྤྱད་ནས་ཐག་གཅོད་བྱེད་དགོས།

༤ ངང་རྒྱུད་རིང་པོས་སློབ་གསོ་རྒྱག་དགོས།

ཕྲུ་གུ་དྲ་བར་དབྱིངས་ཞུགས་པ་ཤེས་རྗེས་ཕྲུ་གུར་སློབ་གསོ་བརྒྱབ་ནས་དྲ་དབྱིངས་ཞུགས་རྐྱེན་བཙལ་ཐོག །གནས་ཚུལ་དངོས་ལ་གཞིགས་ཏེ་ཐག་གཅོད་བྱེད་དགོས།

ཇི་ལྟར་བྱས་ནས་གཞོན་ནུ་ལོ་ཆུང་ཡང་བསྐྱར་དྲ་དབྱིངས་མ་ཚུད་པའི་བྱ་ཐབས་སྤྲ་བརྟན་དུ་གཏོང་དགོས་སམ།

རང་ཉིད་ཀྱི་འཚོ་བ་ཕུན་སུམ་ཚོགས་སུ་གཏོང་བ་དང་། རྒྱུན་དུ་མི་གཞན་དང་འབྲེལ་འདྲིས་

མང་ཙམ་བྱས་ནས་གྲོགས་པོ་དང་མཉམ་དུ་ཕྱི་རོལ་གྱི་བྱེད་སྒོ་ཁག་ནང་མང་ཙམ་ཞུགས་དགོས་ལ། གྲོགས་པོ་དང་སློབ་གྲོགས་སམ་ཡང་ན་ནང་མི་མཉམ་དུ་ཕན་ཚུན་དྲ་འཇུག་ཞོར་ལ་བྱེད་པ་དང་བགྲོ་གླེང་གཙོ་བོར་བྱེད་པའི་ཚོགས་པ་ཞིག་ཡོད་དགོས། དེ་ལྟར་བྱུང་ཚེ་ཡང་བསྐྱར་དྲ་དབྱིངས་ཞུགས་པར་འགོག་ཐུབ། དེ་བཞིན་དྲ་རྒྱའི་རོལ་རྩེད་མི་རྩེ་བ་དང་དྲ་ཁང་དུ་མི་འགྲོ་ལ། དྲ་རྒྱའི་རོལ་རྩེད་སོགས་ཀྱི་ཨང་གྲངས་མི་གཞན་ལ་སྤྲོད་པའམ་ཡང་ན་བསུབས་ནས་མེད་པ་བཟོ་དགོས།

ལེའུ་དྲུག་པ།

ཚན་རིག་དང་མཐུན་པའི་སྒོ་ནས་དྲ་རྒྱ་བཀོལ་སྤྱོད་བྱེད་དགོས།

དྲ་རྒྱའི་འཕེལ་རྒྱས་ཀྱིས་མིའི་རིགས་ཀྱི་འཕེལ་རྒྱས་ལ་ཕན་པ་ཆེ་བས། དྲ་རྒྱ་དེ་རང་ཉིད་ཀྱི་ཕྱོགས་བཟང་ལ་འགྱུར་དགོས་ན་ངེས་པར་དུ་མཉམ་གནས་བྱེད་སྟངས་ཤེས་དགོས་པ་དང་། ཆབས་ཅིག་དྲ་རྒྱའི་ཤུགས་རྐྱེན་ངན་པ་རྣམས་ལ་ཡིད་གཟབ་དང་དུས་ཐོག་ཏུ་གཙང་སེལ་བྱེད་དགོས། གལ་ཏེ་དྲ་རྒྱའི་ལེགས་ཆ་བེད་སྤྱོད་ཡག་པོ་བྱེད་ཐུབ་ན་ཕན་པ་ཇོགས་མཐའ་མེད་པ་ཐོབ་ཐུབ།

གཞོན་ནུ་ལོ་ཆུང་ཚོས་ཇི་ལྟར་བྱས་ནས་དྲ་རྒྱ་བེད་སྤྱོད་ཡང་དག་པར་བྱེད་དགོས། ✧

༡ ལུགས་མཐུན་གྱི་དྲ་འཇུག་དུས་ཚོད་དགོས་པ།

དྲ་བ་བེད་སྤྱོད་བྱེད་པའི་དུས་ཚོད་གཏན་འཁེལ་བྱེད་དགོས་ཤིང་། འཇུག་བྱའི་བྱ་བ་ཀུན་ལ་ཚད་རན་པོ་དགོས།

༢ ཚུལ་མིན་གྱི་ཆ་འཕྲིན་བལྟ་མི་རུང་བ།

དགེ་རྒན་དང་ཁྱིམ་བདག་གི་སློབ་སྟོན་ལྟར་དྲ་ཐོག་གི་སྐྱོན་ལྡན་ནམ་ཚུལ་མིན་གྱི་ཆ་འཕྲིན་ལ་མི་བལྟ་བ་དང་། ཡང་ན་འབྲེལ་ཡོད་ཀྱི་འགོག་སྲུང་མཉེན་ཆས་སྒྲིག་འཇུག་བྱས་ནས་འགོག་ཐབས་བྱེད་དགོས།

གཞོན་ནུ་ལོ་ཆུང་གི་དྲ་རྒྱའི་བྱང་ཚད་སློབ་གསོར་ཤུགས་སྣོན་རྒྱག་པའི་ཐབས་ལམ། ✧

༡ སྒེར་གྱི་ཐད།

དྲ་རྒྱའི་བྱང་ཚད་དང་ཆུ་ཚད་མཐོ་རུ་གཏོང་བའི་འཆར་གཞི་བཟོས་ཏེ་རང་ཉིད་ཀྱི་དྲ་རྒྱའི་བྱང་ཚད་མཐོ་རུ་གཏོང་དགོས་པ་དང་། དེ་ཡང་གཞོན་ནུ་མ་ཚོས་ཆ་འཕྲིན་འཚོལ་ཞིབ་དང་དབྱེ་ཞིབ། དེ་བཞིན་དཔྱད་བརྗོད་དང་གདེང་འཛོག་བྱེད་པའི་ནུས་པ་བཅས་གཙོ་གནད་དུ་བཟུང་ནས་སློབ་སྦྱོང་བྱེད་དགོས་ལ། གཞོན་པ་རྣམས་ཀྱིས་རང་ངོས་ཀྱི་ཆ་འཕྲིན་ཚོད་འཛིན་བྱེད་ནུས་དང་ངོ་དམ་བྱེད་ཤུགས་ལ་དོ་སྣང་བྱེད་དགོས།

དྲ་རྒྱའི་སྦྲེལ་མཐུད་ལ་
ཞིབ་བཤེར་བྱེད།

༢ ཁྱིམ་ཚང་གི་ཐད།

ཕ་མས་ཁྱིམ་ཚང་གི་ཁོར་ཡུག་ཡག་པོ་ཞིག་བསྐྲུན་ཏེ་ཕྲུ་གུ་དང་འབྲེལ་བཟང་འཛུགས་དགོས་པ་མ་ཟད། དྲ་བ་བེད་སྤྱོད་བྱེད་པའི་དུས་ཚོད་གཏན་འཁེལ་བཟོ་དགོས་ཤིང་། ཁྱིམ་བདག་རང་ངོས་ཀྱི་དགེ་མཚན་འདོན་སྤེལ་གང་ལེགས་བྱས་ཏེ་གང་ཅིའི་ཐད་ཕྲུ་གུར་སློབ་སྟོན་བྱེད་དགོས། གཞོན་ནུ་ལོ་ཆུང་ཚོ་བློ་རྩེ་གཅིག་ཏུ་སྒྲིམ་ནུས་ཞན་པས། ཕ་མས་ལུགས་མཐུན་གྱི་སྐྱངས་འཛིན་བྱེད་དགོས།

༣ སློབ་གྲྭའི་ཐད།

སློབ་གྲྭས་དགེ་རྒན་གྱི་བྱང་ཚད་དང་ཆུ་ཚད་སྤར་བས་གོང་མཐོར་གཏོང་བའི་རྨང་གཞིའི་ཐོག་སྤྱི་ཚོགས་ཀྱི་སྟོབས་ཤུགས་སློབ་གྲྭའི་ནང་ནང་འདྲེན་བྱས་ཏེ། སློབ་གསོའི་བྱེད་སྒོ་གང་མང་སྤེལ་ནས་སློབ་ཕྲུག་ཚོར་ཐད་ཀར་དང་གསོན་ཉམས་དོད་པོས་དྲ་བའི་ཤེས་བྱ་སློབ་སྦྱོང་བྱེད་དུ་འཇུག་དགོས།

ང་རྒྱུས་གཞོན་ནུ་ལོ་ཆུང་ལ་ཕན་པ་གང་དག་ཡོད་དམ།

༡ གནོན་ཤུགས་ཡང་དུ་གཏོང་ཐུབ་པ།

ལང་ཚོའི་དུས་སྐབས་སུ་གཞོན་ནུ་ལོ་ཆུང་ཚོའི་བསམ་བློ་གུ་དོག་པས་དོན་དག་ཚང་མ་སེམས་ནང་ཉར་སྡོད་པ་ལས་ཕ་མ་དང་དགེ་རྒན་སོགས་ལ་བཤད་འདོད་བྱེད་ཀྱི་མེད། ཡིན་ནའང་དྲ་ཐོག་ནས་རང་ཉིད་ཀྱི་སེམས་སྡུག་དང་སེམས་ནད་མཐའ་དག་གྲོགས་པོ་དང་བཤད་རེས་བྱེད་ཀྱི་ཡོད་པས་སེམས་ནང་གནོན་ཤུགས་མེད་པར་གྱུར་ནས་སེམས་གུ་យངས་པོ་ཆགས་ཀྱི་ཡོད།

༢ ཕྱོགས་གང་ཅིའི་ཐད་ཀྱི་ནུས་པ་གོང་མཐོར་འགྲོ་བ།

སློབ་གྲྭ་འབྲིང་ཆུང་གི་སློབ་མ་རྣམས་ཤེས་འདོད་ཆེ་བས། དྲ་ཐོག་གི་ཕུན་སུམ་ཚོགས་པའི་ཆ་འཕྲིན་གྱིས་ཧག་ཧག་པོ་ཚོའི་འདོད་བློ་སྐོང་ཐུབ་ཀྱི་ཡོད་ལ། རང་ཉིད་ཀྱི་དགའ་བའི་ཤེས་བྱ་མང་པོ་ཤེས་རྟོགས་ཐུབ་ནས་ཤེས་བྱའི་དགོས་མཁོའང་བསྐངས་ཐུབ་པས་ཐབས་ཤེས་དེ་རིགས་ལ་བརྟེན་ནས་རང་ཉིད་ཀྱི་དགའ་ཕྱོགས་ལ་གཞིགས་ཏེ་གནམ་འོག་གི་གནས་ཚུལ་མང་པོ་ཞིག་ཤེས་ཐུབ་ཀྱི་ཡོད། དེར་བརྟེན། དྲ་བས་སློབ་མའི་ཤེས་འདོད་ཀྱི་སེམས་དེ་མངོན་གསལ་དོད་དུ་གཏོང་བ་མ་ཟད་དགའ་སྤྲོད་འབད་བརྩོན་བྱེད་པའི་སེམས་ཤུགས་དེ་བས་ཆེ་རུ་འགྲོ་ཡི་ཡོད།

༣ སློབ་མའི་གསར་གཏོད་ཀྱི་རང་བཞིན་མཐོ་རུ་གཏོང་བ།

ཆ་འཕྲིན་ཕུན་སུམ་ཚོགས་པའི་དྲ་རྒྱའི་དུས་རབས་འདིར། ན་ཆུང་སློབ་མ་རྣམས་ཤེས་བྱ་རིག་གནས་དང་ཆ་འཕྲིན་དང་ལེན་བྱེད་མཁན་ཙམ་མ་ཡིན་པར་གསར་གཏོད་པ་དང་གདམ་ག་བ་ཞིག་ཀྱང་ཡིན། སློབ་མ་ཚོས་རང་ཉིད་ཀྱི་དགའ་ཕྱོགས་ལ་གཞིགས་ནས་དྲ་བའི་ཆ་འཕྲིན་འདེམས་ཆོག་པ་མ་ཟད། རང་སྟོབས་ཀྱི་ནུས་པ་འདོན་སྤེལ་བྱས་ནས་གསར་གཏོད་ཀྱང་བྱས་ཆོག་པས་དེས་སློབ་མའི་གསར་གཏོད་ཀྱི་ནུས་པ་མཐོ་རུ་གཏོང་བར་ཕན་ཐོགས་ཆེན་པོ་ལྡན་ཡོད།

༤ རང་གཅུན་ནུས་པ་དང་རང་སྐྱོལ་གྱི་ནུས་པ་མཐོ་རུ་གཏོང་བ།

ཉ་རྒྱུས་མི་དང་མིའི་དབར་གྱི་འབྲེལ་བ་བྱེད་སྟངས་སྟབས་བདེ་ཅན་དུ་བཏང་བ་དང་ཆབས་ཅིག །འབྲེལ་བ་བྱེད་ཁག་པའི་དཀའ་གནད་ཀྱང་ཆུང་དུ་བཏང་ཡོད། ལྷག་པར་དུ་ཉ་རྒྱའི་རྟོག་བཟོའི་ཁོར་ཡུག་ཁྲོད་ཆ་འཕྲིན་སྣ་ཚོགས་དང་བསླུ་བྲིད་སྣ་ཚོགས་ཀྱི་མདུན་དུ་ངེས་པར་དུ་རང་གཅུན་གྱི་ནུས་པ་ལྡན་དགོས་པས། བརྒྱུད་རིམ་དེའི་ཁྲོད་བློ་རྩ་བརྟན་ཞིང་རང་གཅུན་གྱི་ནུས་པ་གོང་མཐོར་གཏོང་ཐུབ།

༥ གནད་དོན་ལ་བསམ་གཞིག་དང་ཐག་གཅོད་བྱེད་པའི་ནུས་པ་གོང་མཐོར་གཏོང་ཐུབ།

ཉ་རྒྱུས་སློབ་མ་རྣམས་ལ་བྱ་དངོས་གསར་པར་ངོས་འཛིན་དང་རྒྱུས་མངའ་བྱེད་པའི་གོ་སྐབས་བསྐྲུན་ཡོད་དེ། ཚན་རྩལ་ཤེས་བྱ་དང་སློབ་མའི་བསམ་གཞིག་གི་ནུས་པ་སྟོག་འདོན་བྱས་ཏེ། བྱ་དངོས་གསར་པར་ངོས་འཛིན་དང་ཤེས་རྟོགས་བྱེད་པར་མཐུན་རྐྱེན་བསྐྲུན་ཡོད་པས། སློབ་མའི་བསམ་གཞིག་གི་ནུས་པ་དང་གནད་དོན་ཐག་གཅོད་བྱེད་ནུས་སྦྱོང་བར་ཕན་ཐོགས་ཤ་ཚང་ཆེན་པོ་ལྡན་ཡོད།

ཉ་རྒྱས་གཞོན་ནུ་ལོ་ཆུང་འཛོན་ཉུས་ཅན་དུ་འགྱུར་བར་ལམ་སྟོན་འདྲེན་པ།

༡ སྒྲིངས་འབྲས་ཡག་ཏུ་འགྲོ་བ།

གཞོན་ནུ་ལོ་ཆུང་ཚོས་ཉ་བའི་ལེགས་ཆ་བེད་སྤྱོད་བྱས་ཏེ་སློབ་སྦྱོང་ལ་འབད་བརྩོན་ཧུར་ཐག་བྱེད་དགོས། ཉ་རྒྱའི་ཐོག་ནས་སློབ་མ་ཚོས་ཤེས་བྱ་ཁག་ལ་དེ་བས་གཏིང་ཟབ་པའི་གོ་བ་ལེན་ཐུབ་པས་སློབ་སྦྱོང་གི་སྒྲིངས་འབྲས་ལེགས་སུ་འགྲོ་བར་ཕན་ཐོགས་ཆེན་པོ་ཡོད།

༢ ལས་སྒྲོད་མཐོ་རུ་གཏོང་ཐུབ།

གཞོན་ནུ་ལོ་ཆུང་ཚོས་ཉ་རྒྱའི་སྣ་མང་གི་ཤེས་བྱ་མཐའ་དག་བེད་སྤྱོད་གང་ལེགས་གཏོང་

དགོས་པ་དང་། གལ་སྲིད་རང་ཉིད་ལ་མི་ཤེས་པའི་གནད་དོན་འཕྲད་ཚེ་དྲ་བའི་ནང་འཚོལ་ཞིབ་བྱེད་དགོས། དྲ་བའི་འཚོལ་བཤེར་གྱི་ལེགས་ཆ་ནི་འཚོལ་བཤེར་བྱས་ན་དྲིས་ལན་འཕྲལ་དུ་ཐོབ་པས། དུས་ཚོད་གྲོན་ཆུང་དང་སློབ་སྦྱོང་གི་ལས་ཕྱོད་མཐོ་རུ་གཏོང་ཐུབ།

༣ འབྲེལ་འདྲིས་ལ་ཤུགས་སྣོན་ཐུབ་ལ་མཐོང་རྒྱ་ཆེ་རུ་གཏོང་ཐུབ།

ངེས་པར་དུ་དྲ་རྒྱའི་སྣ་མང་ཤེས་བྱའི་ཆ་འཕྲིན་གྱི་ཐོན་ཁུངས་བེད་སྤྱོད་བྱས་ནས་རང་ཉིད་ཀྱི་མཐོང་རྒྱ་དང་བསམ་གཞིག་གི་ནུས་པ་མཐོ་རུ་གཏོང་དགོས་པ་དང་། དྲ་བའི་འབྲེལ་གཏུག་གི་ལེགས་ཆ་བེད་སྤྱད་ནས་དྲ་ཐོག་གི་ཚན་རྩལ་ཤེས་བྱའི་སློབ་སྦྱོང་བྱེད་སྒོའི་ནང་ཞུགས་ཏེ་མི་གཞན་དང་སྤྱོད་ཚོར་སྤེལ་རེས་དང་ཕན་ཚུན་སློབ་སྦྱོང་བྱས་ནས་མཉམ་དུ་ཡར་རྒྱས་ཡོང་བ་བྱེད་དགོས།

གཞོན་ནུ་ལོ་ཆུང་དུ་དབྱིངས་ཞུགས་པར་སྟོན་འགོག་བྱ་ཐབས་ཀྱི་ཤེས་བྱའི་ལག་དེབ།

གཙོ་སྒྲིག་པ། ཀྲང་ལི།

རྩོམ་སྒྲིག་འགན་འཁུར་བ། ཚེ་དཔག ཀྲའོ་པའོ་ཞིས།

ཡིག་སྒྱུར། སྐྱིད་མོ།

དེབ་གཞིའི་མཛེས་འཆོས་པ། ལྷ་མོ།

དཔེ་སྐྲུན། བོད་ལྗོངས་བོད་ཡིག་དཔེ་རྙིང་དཔེ་སྐྲུན་ཁང་། སྦྲག་ཨང་། 850000
པར་གཞི་རྒྱུ་སྒྲོད་ལ་ཧྲུང་རྡེག་གཏོང་། 0891-6930339

པར་འདེབས་ཚན་པ། སིན་ཧྲོ་གྲོང་ཁྱེར་ཐེང་སྡེ་པར་འདེབས་ཚད་ཡོད་ཀུང་སི།

བརྒྱུད་འཚོང་། རྒྱལ་ཡོངས་ཞིན་ཧྭ་དཔེ་ཚོང་ཁང་།

དེབ་ཚད། 710mm×1 000mm 1/16

པར་ཤོག 6.75

པར་གྲངས། 01—3,000

ཡིག་གྲངས། ཁྲི་6.24

པར་གཞི། 2022ལོའི་ཟླ་11པར་པར་གཞི་དང་པོ་བསྒྲིགས།

པར་ཐེངས། 2022ལོའི་ཟླ་11པར་པར་ཐེངས་དང་པོ་བཏབ།

དཔེ་རྟགས། ISBN 978-7-5700-0713-4

རིན་གོང་། སྒོར་27.00